Lucia Jay von Seldeneck | Verena Eidel

111 Bauwerke in Berlin, die man kennen muss

111

emons:

Bibliografische Information der Deutschen Nationalbibliothek
Die Deutsche Nationalbibliothek verzeichnet diese Publikation in der Deutschen Nationalbibliografie; detaillierte bibliografische Daten sind im Internet über http://dnb.d-nb.de abrufbar.

MIX
Papier aus verantwortungsvollen Quellen
FSC® C083411
FSC
www.fsc.org

Layout: Eva Kraskes, nach einem Konzept von Lübbeke | Naumann | Thoben
Kartografie: Regine Spohner
Druck und Bindung: CPI – Clausen & Bosse, Leck
Printed in Germany 2020
ISBN 978-3-7408-0995-9
Originalausgabe

Vorwort

Berlin ist ein wildes Puzzle. Es passt kein Teil zum anderen, und trotzdem ergibt sich ein Ganzes. Und immer dann, wenn man sich wieder einmal verloren glaubt, taucht er irgendwo auf: dieser Vorstoß, etwas ganz Neues zu versuchen. Das Aufblitzen einer Idee, die dann in das fast ungeheuerliche »Einfach mal machen!« mündet. Diese Momente transportieren Entschlossenheit und Mut, und das ist ansteckend!

Sei es das allererste Fertighaus aus Kupfer oder ein sozialer Wohnungsbau mit explosiver künstlerischer Gestaltung. Oder die Umwandlung einer Ruine in einen Garten zum Wohnen und Arbeiten – und nicht zu vergessen: das Gebäude im 44-Grad-Winkel, das es offiziell gar nicht gibt.

Es wird schnell klar: Wer Mut beweist, oder noch besser: Übermut beweist, der schafft eine Stadt, die sich traut. Und dieser Geist springt tatsächlich über auf Bewohner und Besucher.

In diesem Sinne soll dieses Buch nicht der 100. Architekturführer sein, sondern der 1. Architekturbegleiter, der Mutmacher sein möchte und gleichzeitig einen Anschwung gibt für die uralte Kunst des Entdeckens und Staunens.

Verena & Lucia

111 Bauwerke

1 Das Atelierhaus

Immer anders

Wenn man es entdeckt hat, dann steht man schon direkt davor. Denn es verschmilzt mit seiner Umgebung, mit den Blättern an den Zweigen, den festen Baumstämmen dazwischen und mit den Wolken am Himmel in den kleinen Gucklöchern, die der Wald frei lässt -- alles spiegelt sich auf der Fassade wider. Es ist ein Haus im Wald, aber auch der Wald im Haus. Der ehemalige Pferdestall des prächtigen Villen-Ensembles am Treptower Park steht ganz hinten auf dem Gelände, und die Fassade aus Edelstahl-Verkleidung an der Rückseite lässt die Grenze zwischen Grundstück und Wald zerfließen.

Wie Schuppen schimmern die Paneele, die kantig übereinandergesetzt sind und unten geschlossen, sodass ein wunderbares, mehrdimensionales Spiel entsteht. Die leicht schrägen horizontalen Leisten spiegeln die Bäume und den Himmel dahinter, und die Abschlüsse darunter holen den warmen Braunton des Bodens nach oben. Das erdet das ganze Gebilde immer wieder aufs Neue. Es ist verwunschen und lebendig – und nimmt sich gleichzeitig vollkommen zurück. Vortritt hat hier der Wald. Und der Betrachter als ein Teil dieser Inszenierung. Ein kreativer Rückzug bei gleichzeitiger Präsenz nach außen, so lautete die Vorgabe für den Umbau des Stallgebäudes zu einem Atelierhaus. Das ist erfüllt, und das polierte Edelstahl das perfekte Material für die Fassade. Inzwischen sind hier und da ein paar Dellen zu sehen, was dem ganzen Gebilde aber nichts abspricht, sondern ihm ganz im Gegenteil zusätzlich ein Eigenleben zugesteht. Es ist eben nicht starr und stumm, sondern spiegelt jegliche Verwandlung.

Man nimmt sich fest vor wiederzukommen, nämlich in der nächsten Jahreszeit, und dann in der nächsten, und in der nächsten auch.

Adresse Atelier mit Spiegelfassade, Puschkinallee 41, 12435 Berlin-Treptow | Architekt buchner + wienke architekten | Baujahr 2007 | Heute Atelierhaus | Bahnhof S Treptow

2 Der Atelierturm

Die Rettung des Berlin-Gray

Das hat es so noch nie gegeben: Im Jahr 2010 erreicht die Stadt Berlin eine Petition, unterzeichnet von allem, was Rang und Namen hat in der internationalen Architekturwelt. Es geht um die Rettung des Kreuzberg-Towers. Und sie hat Erfolg. Anstatt wie geplant bei der anstehenden Renovierung des Ensembles die Wände und Balkone weiß und pink zu streichen, bleiben die Originalfarben erhalten. Das ist ein Glück. Denn dieses Dreigestirn am Besselpark ist etwas Besonderes. Und die beiden Farben, das explizit so bezeichnete *Berlin-Gray* der Fassade und das etwas blasse Grün der Balkone, sind ein wichtiger Bestandteil. Sie gieren nicht nach Aufmerksamkeit, sie wollen lieber entdeckt werden zwischen dem grauen Berliner Himmel und den grünen Büschen und Bäumen am Boden. Und das ist schon der erste Teil der Inszenierung.

Der Kreuzberg-Tower, der 1984 zur Internationalen Bauausstellung (IBA) von dem amerikanischen Architekten John Hejduk entworfen wurde, liegt abseits, in einer Ecke von Berlin, in die man eher zufällig gerät. Aber wenn man dann vor dem schlanken Turm mit seinen Balkondächern steht, die wie kleine Jahrmarktbuden aussehen, ist es eine wahre Freude.

Die Fassaden rechts und links sind Balkon-Gesichter. Freundlich blicken die beiden Turm-Wächter mit gespitztem Mund und langwimprigen Augen, die jeden Moment zwinkern wollen. Das wirklich Besondere aber ist, dass sich hier die Verhältnisse umkehren: Wo sonst möglichst viel Wohnfläche und möglichst wenig ungenutzte Freifläche auf einem Grundstück in die Höhe wachsen, bleibt hier viel Zwischenraum. Der Kreuzberg-Tower ist umgeben von Luft und Licht und Himmel. Und das passt einfach gut zusammen. Nicht nur farblich.

Adresse Der Kreuzberg-Tower, Charlottenstraße 96 – 98, 10969 Berlin-Mitte | Architekt John Hejduk | Baujahr 1986 – 88 | Heute Wohnhäuser | Bahnhof U Kochstraße Checkpoint Charlie

3 Die Aula

Kommt zusammen!

Die Stadt hat gewaltige Pläne. Die größte Schule Deutschlands soll in Lichtenberg gebaut werden, und zwar nicht nur eine. Gleich drei Schulen an einem Fleck: eine Berufsschule, eine Mittel- und Volksschule und ein Gymnasium für Mädchen. Das ist ein Novum, baulich wie politisch – denn es ist auch ein Vorstoß, das autoritäre Bildungssystem abzuschütteln und Räume für eine neue Chancengleichheit zu schaffen.

Max Taut bringt diese Vision auf den Punkt, indem er dem neuen Gebäude ein Herz schenkt: die Aula. Sie liegt in der Mitte und führt die Schüler aus allen drei umliegenden Schulen zusammen. Das einstöckige Vorder-Gebäude mit seinen warmen ocker-gelbfarbenen Klinkersteinen und den großen Fenstern schwingt sich an der Straße entlang, dahinter liegt ein dreistöckiges Gebäude, das sich wiederum mit einer Biegung vom Vordergebäude wegwölbt. In der Mitte bleibt ein Hof in der Form eines Auges. Und darin liegt, wie Iris und Pupille des ganzen Ensembles, die Aula.

Aus den großen Fensterreihen unterhalb der Decke sieht man auf das rundläufige Schulgebäude dahinter. Es ist wie eine Umarmung, aber ohne dass man sich eingeengt fühlt.

Denn die Aula ist, obwohl sie in der Mitte liegt, ein heller und offener Raum. Es fällt sogar Licht von oben, und das Oberlicht spiegelt die klaren Fensterrechtecke von den Seiten auch auf dem Boden wider. Licht von allen Seiten. Aber nicht nur die Aula, das gesamte Gebäude ist überwältigend. Es herrscht Klarheit in jedem Detail, alles ist aufeinander abgestimmt, die Farben der Fenster und Türnischen, der Ziegel und Wände – alles reagiert aufeinander und konzentriert sich dennoch vollkommen auf seine jeweilige Funktion für das Ganze.

Adresse Aula der Max-Taut-Schule, Fischerstraße 36, 10317 Berlin-Lichtenberg | **Architekt** Max Taut | **Baujahr** 1932 |
Heute Schule | **Bahnhof** S Nöldnerplatz

4 Die Autobahnüberbauung

Koloss mit Idyll

Die Schlange ist riesig. Sie ist ein Koloss, so groß, dass sie einfach mal eben so die Stadtautobahn verschluckt und wieder ausspuckt, ohne dass es irgendjemand bemerkt. In den Innenhöfen ist es ruhig, die Vögel zwitschern, Menschen sitzen auf Bänken, überall spielen Kinder auf Spielplätzen. Es ist geradezu ein Idyll. Sollte dieser Wohnkomplex, auch genannt »die Schlange«, etwa ein Konzept sein, das aufgegangen ist? Die Vision von der Integration der Autobahn in das Leben der Stadt – ist sie geglückt?

Zitronengelb schimmern die Fensterrahmen an dem 600 Meter langen, leicht gewundenen Gebilde mit seinen 1.064 Wohnungen im Inneren. Und der Autobahn. Ein sozialer Wohnungsbau in diesen Dimensionen wäre heute nicht mehr denkbar, weil er schlicht und ergreifend unbezahlbar wäre. Aber das Berlinförderungsgesetz und die bekanntlich sehr enge Vernetzung mit der Politik machten es möglich, dass die West-Berliner Bauwirtschaft sich dieses Denkmal setzen konnte. Und sie ließ es sich was kosten. Als es nach Fertigstellung zu Bodenabsenkungen kam, musste der Grund nachträglich durch Stahlkeile befestigt werden. Die Proteste blieben nicht aus. Es gab heftige Reaktionen gegen diesen Autobahn-Wahn des Senats genau wie gegen den geplanten Ausbau der Stadtautobahn.

Die Schlange aber, davon unberührt, hat einfach weitergemacht. Einige Zeit später wurde sie zum sozialen Brennpunkt, und viele zogen fort. Doch auch das hat die Schlange überwunden. Heute scheint es eine gute Mischung zu geben zwischen jungen und alten Bewohnern, ein zartes Gemeinschaftsgefühl ist zu spüren. Die Schlange ist ein Denkmal ihrer Zeit geblieben und ist gleichzeitig zu einem Ort voller Leben geworden. Das Experiment ist geglückt.

Adresse Wohnkomplex Schlangenbader Straße, Wiesbadener Straße 50, 14197 Berlin-Wilmersdorf | **Architekt** Georg Heinrichs, Gerhard Krebs und Klaus Krebs | **Baujahr** 1971 | **Heute** Wohnkomplex | **Bahnhof** U Rüdesheimer Platz

DER
RASSE
16 A-E
Einspeisung
Steigleitung
trocken

15
A-E
SCHLANGENBA

5 Die Bank

Der Licht-Saal

Es ist vielleicht nicht der prächtigste oder prunkvollste Saal in der Stadt – aber er ist wie durch ein Wunder und ganz im Verborgenen fast vollständig erhalten. Und dass es ein Wunder ist, begreift man, wenn man die Einschusslöcher im Stein sieht. Sie erzählen von den Gefechten der letzten Kriegstage hier am Gendarmenmarkt. Bis hinein in den Kassensaal im Inneren der Preußischen Staatsbank wurde gekämpft. Die Sandsteinsäulen sind die Bewahrer dieser Erinnerung. Sie säumen den hellen Saal. Er war einst der Mittelpunkt in dem Gebäude, das 1903 von der Königlichen Seehandlung in wilhelminischem Barock direkt am Hauptplatz der Stadt erbaut wurde, ein moderner Neubau, ausgestattet mit Zentralheizung und elektrischer Beleuchtung.

Von der Marmortreppe trat man wieder hinein in das Licht: Der Kassensaal mit seinen eleganten, aber schlichten schwarz-weißen Fliesen war nach oben hin geöffnet. Eine Glaskuppel schloss die Decke. Zwischen den Sandsteinsäulen befanden sich damals die Schalter. Es ist ein tolles Zusammenspiel zwischen der Öffnung nach oben über dem hellen Boden und den geschützten Räumen drum herum. 1949 zog die Deutsche Akademie der Wissenschaften ein, und der Kassensaal wurde in der DDR in einen fensterlosen, kastenförmigen Raum umgebaut. Doch Fliesen, Säulen und auch Einschusslöcher blieben darunter erhalten.

Wenn man kurz die Augen schließt, sieht man in dem hellen, fast schon transparenten Saal unter dem neuen Glasdach kleine Café-Tische zwischen grünen Palmen stehen, der Blick schweift hinaus aus dem Fenster über den Platz bis rüber zum Konzerthaus – das alte Berlin könnte wieder etwas lebendiger werden, etwas offener, und vielleicht etwas mondäner.

Adresse Leibniz-Saal, Markgrafenstraße 38, 10117 Berlin-Mitte | Architekt Geheimer Oberbaurat Paul Kiesch | Baujahr 1903 | Heute Akademie der Wissenschaften | Bahnhof U Hausvogteiplatz

6 Das Bauhaus

Eine Pilgerstätte

Es thront dort oben auf seiner kleinen Anhöhe, umgeben von schützenden Kiefern – und raubt einem den Atem. Die Vision von der Klarheit der Form ist hier für immer festgehalten, und mehr noch: Sie ist noch heute eine Wucht. Jede Linie und jedes Zusammenspiel zwischen außen und innen wirkt umso klarer, weil die weiße Villa umgeben ist von wilden Gräsern, struppigem Buschwerk und dem Wald, der direkt dahinter beginnt. Sie bleibt aber bei Weitem nicht stehen bei einer strikten modernen kubischen Form: Die Terrasse vor der Fensterfront bricht heraus aus der strengen Rechtwinkligkeit und trägt die Klarheit mit einem entschiedenen Schwung hinaus über die Widerspenstigkeit der Natur. Und es gibt noch eine weitere Verbindung zum Außen: Auf der Dachterrasse, geschützt von einer Art kubischer Pergola, blickt man in die eine Richtung über die Havel, in die andere direkt in die Baumkronen des Grunewalds.

Die Villa sowie die Nachbarsvilla wurden von den Brüdern Hans Luckhardt und Wassili Luckhardt als »Kolonie am Rupenhorn« an den Waldrand gesetzt. Ursprünglich geplant waren drei Villen, gebaut wurden aber nur zwei. Überhaupt kam einiges anders als gedacht:

Kaum waren die Landhäuser fertiggestellt, mussten sie zwangsversteigert werden, die Stahlskelett-Gebäude wurden nur fünf Jahre später zum Mehrfamilienhaus umgebaut und entkamen nur knapp dem Abriss durch die Nationalsozialisten. Inzwischen ist das Landhaus am Rupenhorn wiederhergestellt, auch im Inneren. Die Bibliothek mit dem von zwei Säulen getragenen, schwebenden Schreibtisch vor der breiten Fensterfront ist genau wie das ganze Haus: überwältigend.

Adresse Die Luckhardt-Villa, Am Rupenhorn 25, 14055 Berlin-Charlottenburg | **Architekt** Hans Luckhardt, Wassili Luckhardt & Alfons Anker | **Baujahr** 1929 | **Heute** Museum und Veranstaltungsort | **Bahnhof** S Pichelsberg

7 Das Baumhaus

Ein anderer Blick

Die Hochhäuser auf der Fischerinsel reichen bis in den Himmel, die Parkplätze zwischen ihnen gleichen Labyrinthen. Aber es gibt einen Ort dazwischen, fast schon am Wasser, wo die Dimensionen wieder stimmen. Bauwagen stehen dort rund um eine von Beeten gesäumte Wiese, daneben ein Haus für die Kinder und Jugendlichen aus der Umgebung.

Und in der Mitte thront: das Baumhaus. Eine Wendeltreppe führt hinauf, die Äste der beiden Bäume wachsen durch die schlanken, luftigen Holzstreben durch, man geht um den Baum, durch den Baum, mit dem Baum – immer weiter nach oben. Man verlässt den Boden, das Schwere und wendet sich dem Luftigen und Leichten zu. Das passiert automatisch. Und dann ist man plötzlich mittendrin in der Krone. Denn anders als herkömmliche Baumhäuser, die ein geschlossenes Haus in den Ästen darstellen, verwendet dieses hier die Baumkrone als schützendes Dach und bildet nur eine stabile Plattform.

Diese Öffnung nach oben ist zwar nicht wetterfest, aber dafür engt sie nicht ein. Auf das Baumhaus zu gehen bedeutet nicht, sich in einer dunklen Box zu verkriechen, sondern sich einer anderen Perspektive zu öffnen. Das macht so viel Sinn in einer Stadt, in der diese Perspektive auf die Natur oftmals viel zu weit entfernt scheint.

Und auch die Geschichte von der Entstehung gehört dazu: Die Kinder aus der Umgebung haben das Baumhaus in einem Workshop entworfen. Und das ist vielleicht auch insgesamt für die Architektur ein kleines Lehrstück. Denn Kinder haben ja einen ganz anderen Blick, sie kennen noch keine Konventionen oder gefestigten Schemata, für sie ist ein Baumhaus ein Haus im Baum, also der Baum als Haus. Und warum sollte das auch nicht so sein?

Adresse Baumhaus Fischerinsel, Fischerinsel 3, 10179 Berlin-Mitte | Architekt Florian Kneer, Bernita Le Gerrette | Baujahr 2012 | Heute Freizeitzentrum Kreativhaus e. V. | Bahnhof U Märkisches Museum

8 Das Betonhaus

Home brut Home

Abgelegen, ein wenig eingeengt auf dem schmalen Ufergrundstück an der Scharfen Lanke, gegenüber eine Kleingartenkolonie, rechts und links repräsentative Einfamilienhäuser – das Haus, das aus gegossenen Betonplatten zu einem Kubus zusammengebaut ist, nimmt sich zurück. Es will nicht auftrumpfen oder imponieren – es hat eine andere, eine eigene Geschichte zu erzählen. Es ist nämlich das einzige Wohnhaus aus Sichtbeton.

Béton brut – auf Deutsch: Brutalismus. Eine irreführende Übersetzung, denn brut meint nicht brutal, gemein, böswillig, sondern vielmehr bezieht es sich allein auf die Beschaffenheit des Baustoffs, nämlich rein, echt, ehrlich. Und er möchte ja auch nichts Brutales, der Brutalismus, sondern ganz im Gegenteil: Er möchte eine Befreiung. Er ist schließlich frei von Dekoration und Verschmückung, jede Auferlegung von vorgeschriebener Wohnlichkeit, jede Bedeutung lehnt er ab.

Und das Haus an der Scharfen Lanke beweist eben auch: Brutalismus kann nicht nur in riesenhaften Dimensionen, kann nicht nur Eindruck machen durch Masse und Umfang, sondern kann auch in klein und privat faszinieren.

Die Architekten Jan und Rolf Rave haben hier etwas Neues versucht. Es scheint, als seien die Platten ineinandergesteckt zu rechtwinkligen Würfeln. Und es sind die vielen Details, die in ihrer Funktionalität sofort überzeugen, wie zum Beispiel die eingelassenen Leuchten über der Haustür, die Blumenkästen vor dem Balkon als Teil der Fassade und die angebrachten Vorrichtungen für die Rollos über den Fenstern. Es ist durchdacht und dennoch frei von Bedeutung. Das lässt einen innerlich kurz jubeln und in die Hände klatschen.

Adresse Haus Plettner, Scharfe Lanke 51, 13595 Berlin-Spandau | Architekt Jan und Rolf Rave | Baujahr 1970–71 | Heute Wohnhaus privat | Bahnhof Bus M49,136 Jaczostraße

51

9 Die Bibliothek

Zwischen drinnen und draußen

Mit dem Hansaviertel haben die großen Architekten ihrer Zeit das Wohnen neu gedacht. Es ist ein Stück Architekturgeschichte – und so war es von Anfang an geplant. Die Menschen fuhren damals mit einer Seilbahn über das neue Viertel am Rand des Tiergartens und bewunderten die Einfamilienhäuser und Zeilenhäuser mit ihren neuartigen Formen und Farben. Es gibt einen Bahnhof, eine Kirche, ein Restaurant – und eine Bibliothek. Und die ist eine Grenzüberschreitung, in doppelter Hinsicht.

Werner Düttmann hat hier durch die Form die Funktion neu ausgerichtet. Das Gebäude durchdringt die gegebenen Grenzen zwischen dem Innen und dem Außen. Die Bücherei ist nicht besonders geräumig, sie ist ebenerdig, und in ihrer Mitte liegt ein Innenhof. Die ganzheitlichen Fensterflächen aber zu diesem grünen Atrium lassen sich in den Boden versenken. So können sich die Besucher bei gutem Wetter auf die Stühle setzen, drinnen, draußen oder auch dazwischen.

Die Stille vermischt sich hier mit losgelösten Klang-Bruchstücken, die aus der Stadt hineinschwappen, aber der Innenhof bietet gleichzeitig ausreichend Schutz. Es entsteht ein offener Ruhepol mitten in der Stadt. Eine Oase – und nur hier passt dieser Ausdruck – für Mensch und Literatur. Und damit hat die Hansabibliothek das Prinzip der Stadtbüchereien aus ihrer verstaubten Ecke geholt. Anstelle von unzugänglichen hohen Regalen, aus denen Bibliothekare in einer erdrückenden Stille die Bücher heraussuchen, herrscht hier völlige Bewegungsfreiheit. Die Besucher dürfen – und das ist neu – selbst an die Buchregale treten, dürfen sich Bücher herausnehmen, sie zu ihrem Leseplatz mitnehmen und sie anschließend ausleihen.

Adresse Hansabibliothek, Altonaer Straße 15, 10557 Berlin-Moabit | Architekt Werner Düttmann | Baujahr 1957 | Heute Bibliothek | Bahnhof U Hansaplatz

10 Das Bildungszentrum

Eine Fügung

Da steht man mitten auf der Museumsinsel und weiß nicht genau, wo man anfangen soll. Vielleicht da, wo sich die neue helle Fassade bei seinem ergrauten Nachbarn anlehnt. Das große Fenster ganz am Rand scheint von der alten Säule des Nachbarhauses eingefasst zu werden. Das lenkt den Blick nicht nur auf die klaren kubischen Linien an dem neuen Haus, sondern auch auf das alte Gemäuer nebendran samt seinen eindrucksvollen Einschusslöchern. Voller Ehrfurcht schließt dieses Galeriegebäude nicht nur die Lücke an der Straßenecke, sondern auch die Lücke zwischen dem Heute und seiner Geschichte.

Oder vielleicht fängt man besser ganz unten an. Dort möchte man das Haus am liebsten anfassen, die kühlen, vielfarbigen alten Steine, die mit einer hellen Mörtelschicht zusammengefügt sind, erinnern bei der Berührung an eine Felswand im Gebirge, das dunkle Holz daneben an eine sonnenwarme Berghütte.

Oder im Inneren. Dort steht man in fünf Meter hohen Räumen, die offen sind und bleiben. Eine Werkstatt für Kunst. Die Berliner Sammlerfamilie Bastian schenkte dieses Galeriehaus, entworfen von David Chipperfield, der Stiftung Preußischer Kulturbesitz. Das Haus ist zu einem Ort geworden, an dem sich junge Menschen aktiv mit Kunst auseinandersetzen. Bildungsstätte klingt nach Mehrzweckraum und Kellergewölbe – hier steht sie geografisch und architektonisch im Mittelpunkt. Und das ist das wahre Geschenk an die Stadt – denn was wäre die Museumsinsel ohne eine immer neue Auseinandersetzung mit ihr und ihren Schätzen? Das Publikum ist aufgefordert, seinen Teil beizutragen. Das Außen verbindet sich mit dem Innen. Das beinahe Unmögliche fügt sich zusammen.

Adresse Haus Bastian, Am Kupfergraben 10, 10117 Berlin-Mitte | **Architekt** Büro David Chipperfield Architects | **Baujahr** 2007 | **Heute** Zentrum für kulturelle Bildung der Staatlichen Museen | **Bahnhof** S Hackescher Markt

11 Das Bootshaus

Mutterschiff

Ein Vereinsgebäude, das durch sein äußeres Erscheinen auffällt oder begeistert, muss man lange suchen. Aber es gibt eins: In Niederschöneweide, dort, wo die Industrieflächen am Spreeufer jäh vom Wassersport abgelöst werden, noch vor den dusteren Sportvereinshäusern aus DDR-Zeiten, leuchtet am Wasser auf einmal ein Raumschiff. Es ist dort gelandet, ohne viel Aufsehen zu erregen – aber vom Land und vom Wasser aus ist es eine Sensation, das neue Wassersportzentrum. Und es konzentriert sich vollkommen auf seine Funktion. Es ist vor allem Lagerraum für die Ruderboote und Kanus, aber auch Sportvereinshaus mit Umkleiden und Duschen. Aber es ist eben doch viel mehr.

Zum einen führt es mit seiner geschwungenen ovalen Form von der Straße hin zum Hauptplatz des Geschehens, nämlich zum Ufer. Auch die Räume in seinem Inneren sind so angelegt. Der Hauptteil des großen Rohbaus aus Sichtbeton ist das Bootshaus, das sich dann zur Wasserseite hin öffnet. Im Obergeschoss, zu dem eine Treppe mit einem runden Betondach führt, liegen Umkleiden und Aufenthaltsräume. Zum anderen aber wird der Funktionsbau zu einem Zentrum.

Das Gebäude leuchtet durch seine milchige, lichtdurchlässige Kunststoffhülle fast wie ein Leuchtturm, der seine Ruderer im ersten Dämmerlicht zurücklotsen will in ihr sicheres Bootshaus. Ist es nicht beleuchtet, dann schimmern die farbigen Boote und die Betonpfeiler durch die Außenhülle. Es wirkt so, als seien seine einzelnen Teile ineinandergesteckt und flexibel, fast könnte man meinen, die Treppe auch an anderer Stelle anlegen zu können. Es wirkt nicht nur offen und dynamisch, es ist als Sportvereinsgebäude eine kleine Revolution.

Adresse Wassersportzentrum des TiB 1848 e. V., Bruno-Bürgel-Weg 127 – 131, 12439 Berlin-Treptow | Architekt Oliver Mang Architekten | Baujahr 2012 | Heute Wassersportzentrum für Rudern und Kanusport | Bahnhof S Oberspree

12 Die Botschaft

Respekt Madam!

Als die DDR die Grundstücke für die Botschaften verteilt, bekommt die Tschechoslowakei einen abgelegenen Platz an der Mauer zugewiesen. Während die Sowjetunion und Ungarn auf der Prachtstraße »Unter den Linden« bauen, wird die ČSSR isoliert – was wohl auch eine politische Reaktion auf den Prager Frühling ist. Aber das Architektenpaar Věra und Vladimír Machonin nimmt die Herausforderung an.

Ihre Antwort ist ein 36 Meter hoher Würfel, der alles ist, nur nicht leicht zu übersehen. Er ist eine Reaktion auf den protzigen Stil der stalinistischen Ära, er ist kantig, er ist Beton, er ist modern. Der erste Stock mit seinen großen, orange eingefärbten Fenstern überragt das Erdgeschoss, sodass es scheint, als schwebe das 48 mal 48 Meter große Gebäude aus granitverkleidetem Beton einige Meter über der Erde. Die abgeknickten umlaufenden Fensterbänder verstärken die Würfelform, es gib kein Vorne und kein Hinten, der Würfel verharrt in der Schwebe.

Das farblose Außen der Botschaft kann aber erst verstanden werden, wenn man das Innen dazu gesehen hat: rote Ledersessel, orange Wandverkleidung, tropfende Lampenreihen – hier sind die 1970er Jahre unverändert an ihrem Platz. Věra Machonin hat auch das Interieur entworfen. Sie gilt als der kreative Kopf des Architektenpaares. Ihre Arbeiten haben weltweit für Aufmerksamkeit gesorgt. Vielleicht für zu viel, denn 1971 wird ihnen die Arbeitserlaubnis entzogen. Die Botschaft in Berlin wird zwar noch fertig gebaut, aber erst vier Jahrzehnte später soll sie für ihre prägnante Architektur geehrt werden. Der Slogan »Respekt Madam« auf einem Graffito mit ihrem »Hotel Thermal« ist heute das Schlagwort für eine Kampagne, um ihre Bauwerke zu erhalten.

Adresse Die Tschechische Botschaft, Wilhelmstraße 44, 10117 Berlin-Mitte | Architekt Věra und Vladimír Machonin | Baujahr 1979 | Heute Botschaft | Bahnhof U Mohrenstraße

ČESKÉ CENTRUM
CzechTourism

13 Die Brauerei

Die Verwandlung einer Kathedrale

Sie thront ganz oben auf der Anhöhe wie eine, die weiß, dass es nur eine Handvoll von diesen auserlesenen Plätzen gibt im ansonsten so flachen Berlin. Und sie erscheint einem auf den ersten Blick wie eine prächtige Kathedrale mit ihrem hohen Turm und dem eindrucksvollen Schiff, und auf den zweiten Blick eigentlich auch, mit den hohen Fenstern und dem gotisch anmutenden Portal. Doch wenn man genauer hinsieht, dann erkennt man die sechs Schornsteine, die aus dem Kirchenschiff ragen. Denn die Kathedrale auf dem Rollberg ist eine der anderen Art, der frühmodernen Art, so wie es viele gibt in der Stadt, nach einer ganz neuen Vision: Kathedralen für die Industrie, für die Elektrizität, für den Verkehr – und eben so wie hier: für die Braukunst.

In der großen Halle stehen noch heute die großen, im Boden eingelassenen Sudpfannen, in denen das beliebte Kindl-Bier gebraut wurde. Es ist ein Ort der neuen Dimension und der Öffnung. Denn die hohen Fenster lassen nicht nur das Licht hinein, sie zeigen auch das Innere her. So wie auch heute noch – obwohl sich Aussehen und Funktion im Laufe der Zeit gewandelt haben. In den 1950er Jahren wurde das Sudhaus restauriert, eine Voutendecke mit goldenen Rändern, ein schlichtes Oberlicht, ein feines weißes Treppengeländer zeigen, dass es auch nach dem Weltkrieg weiterging mit dem Berliner Bier. Doch im Jahr 2005 war dann Schluss.

Heute stehen zwischen den kupfernen Kesseln kleine Café-Tische. Im Maschinenhaus sind regelmäßig Ausstellungen zu sehen. Die Großzügigkeit der ganzen Anlage ist erhalten geblieben, und man kann sie noch spüren, die Aufbruchsstimmung der frühen 1920er Jahre, in denen neue Bauformen den Fortschritt beflügelten – und umgekehrt.

Adresse Ehemalige Kindl-Brauerei, Am Sudhaus 3, 12503 Berlin-Neukölln | Architekt Hans Claus & Richard Schepke | Baujahr 1926–30 | Heute KINDL – Zentrum für zeitgenössische Kunst | Bahnhof U Rathaus Neukölln

KINDL
SUDHAUS
KESSELHAUS

14 Die Brücke

Die Eiserne Schönheit

Berlin ist eine Brückenstadt. Mehr Brücken als Venedig sollen es sein, so erzählen es zumindest die Berliner. Es gibt wuchtige Brücken und zierliche Brücken, darunter Brücken mit schmuckvollem Geländer und aufwendigem Gemäuer. Aber als der Ingenieur Karl Bernhard, nachdem er schon einige große Brücken der Stadt gebaut hat, im Jahr 1900 von der Weltausstellung aus Paris zurückkehrt, bringt er eine neue Vision mit: das Technische soll das neue Künstlerische werden.

Die Linienführung der stählernen Streben soll die Ästhetik erzeugen – ein reiner Eisenbau, ganz ohne architektonisches Beiwerk, so betont er.

Wenn man sich der Stößenseebrücke nähert, der schnurgeraden Verlängerung der über Kilometer hinweg schnurgeraden Heerstraße, dann bemerkt man sie kaum. Ein schlichtes Geländer am Straßenrand, ein kurzer Blick auf das Wasser, dann ist die Brücke schon wieder zur nächsten schnurgeraden Straße geworden. Hält man aber vor der Brücke an und geht durch ein Steintor an der Seite über die großzügig angelegte Treppe nach unten, dann offenbart sich hier die Stößenseebrücke, auch genannt die »Eiserne Schönheit«, in ihrer vollen Pracht: Die genietete Stahl-Fachwerkbrücke spannt sich mit vier Hauptträgern eindrucksvoll und türkis über den Stößensee. Nur einen Steinwurf entfernt, dann verlaufen die mächtigen Stahlstreben bereits am anderen Ufer. Ursprünglich sollte die Brücke ein beeindruckendes Bauwerk über den gesamten Stößensee bis auf das Rupenhorn bilden – doch dann wurde entschieden, einen Damm im See aufzuschütten, damit kein zu großes Bauwerk das Landschaftsbild stört. Die Brücke sieht daher ein bisschen so aus wie eine Verheißung, die leider an falscher Stelle steht.

Adresse Die Stößenseebrücke, Stößenseebrücke, 14055 Berlin-Spandau | Bauingenieur Karl Bernhard | Baujahr 1909 | Heute öffentlich zugänglich | Bahnhof S Pichelsberg

15 Die Bungalows

The American Way am Dreipfuhl

Und auf einmal hat man, ohne es zu merken, Berlin verlassen – und die Zeit gleich mit. Man steht mittendrin in einem Wohlstandstraum der 1950er Jahre, in einer Vorstadt irgendwo in den USA, und wartet darauf, dass der Zeitungsjunge gleich im Vorbeifahren mit Schwung die Zeitungen vor die Haustüren wirft oder dass ein metallic glitzernder Cadillac vor einer Garage hält und eine Frau mit wippendem Petticoat aus dem Auto steigt.

Rund um den Dreipfuhl – und spätestens bei diesem Namen ist man wieder unsanft in der Realität gelandet –, einer eiszeitlichen Senke mit einem Teich in der Mitte, fädeln sie sich aneinander, die Bungalows der Housing Area. Die Einfamilienhäuser waren ausdrücklich für die höheren und höchsten Dienstgrade der stationierten US-Streifkräfte bestimmt, sie sollten ihnen Heimatgefühl und bekannte Nachbarschaftsstrukturen mitten in dem fremden und von den Russen umkreisten West-Berlin geben.

Mit ihren flachen Dächern und dem typischen Vordach mit V-förmigen Stützen sind die Häuser der Siedlung wegweisend für eine neue, leichte Architektur. Den schweren Mauern und vielen Obergeschossen der alten Villen in ihrer Nachbarschaft halten sie ihre vollkommene Offenheit entgegen. Insgesamt herrschen viele fließende Übergänge zwischen dem Außen und dem Innen, die das Wohnen ganz anders anpacken lassen. Und kein Zaun grenzt hier den Vorgarten zum Nachbarn oder zur Straße hin ab, die Solnhofener Steinplatten, die durch den Vorgarten zum Hauseingang führen, sind eine Einladung zum Nähertreten, keine abweisende Abschottung hinter hohem Gartentor.

Das eigene Misstrauen zu überwinden – das kann man sich hier am Dreipfuhl abgucken.

Adresse Dreipfuhl Housing Area, Lützelsteiner Weg/Reichshofer Straße, 14195 Berlin-Dahlem | Architekt Willy Ehrlichmann | Baujahr 1956–57 | Heute Wohnhäuser | Bahnhof U Oskar-Helene-Heim

16

16 Das Bürohaus

Die unmögliche Welle

Es gibt Häuser in dieser Stadt, die man entdecken kann. Es gibt andere, die man kennt und kaum noch sieht, weil sie einen kaltlassen. Und dann wiederum gibt es Häuser, ganz wenige nur, die einen immer wieder von Neuem beflügeln. Das Shell-Haus ist so eins. Jedes Mal wenn man am Landwehrkanal hinter der Nationalgalerie um die Kurve kommt, liegt es vor einem wie eine Erscheinung. Denn es täuscht das Unmögliche vor: ein Fließen, eine Dynamik, eine andauernde organische Bewegung – aus totem Stein.

Das Gebäude springt auf seiner Längsseite immer eine Fensterfront nach hinten und wächst hinter jeder Rundung um ein Geschoss in die Höhe. Eine sanfte Welle aus hellem Kalkstein schlägt einem entgegen – und kein Fenster kann sie aufhalten, denn die Fenster fließen mit, gehen mit hinein in die Rundung.

Die Rhenania-Ossag Mineralölwerke AG, deutsche Tochterfirma des Ölkonzerns Shell, gab diesen Bau in Auftrag. Ein Bau soll es werden, so lautete die Vorgabe, der im Stadtbild Eindruck hinterlässt. Das gelang Emil Fahrenkamp. Die hellen Fensterkreuze aus Stahl sind noch mal mit Bronze eingefasst und strahlen dadurch aus dem Stein hervor. Und über jedem einzelnen Fensterband steht die Fassade ein Stück über, sodass sich auch von unten eine Wellenbewegung bis nach oben unter das Dach ergibt. Ja, es scheint sogar, dass jedes Fensterband aus einem kneteartigen, leicht formbaren Material ist, dass so Schicht für Schicht übereinandergelegt wurde. Schlussendlich kann man nicht genau sagen, was es ist, das einem dieses Hochgefühl vermittelt beim Anblick dieser Kalksteinwelle, aber vielleicht ist es ja gerade das, dass es nicht zu fassen ist, sich den physikalischen Gesetzen zu entziehen scheint und einen staunend zurücklässt. Immer wieder aufs Neue.

Adresse Das Shell-Haus, Reichpietschufer 60 – 62, 10785 Berlin-Tiergarten | Architekt Emil Fahrenkamp | Baujahr 1930 – 32 | Heute Außenstelle des Bundesverteidigungsministeriums | Bahnhof U + S Potsdamer Platz

17_Die Bushaltestelle

Vis-à-vis

Wie zwei Speerspitzen, die zufällig an diesem Ort gelandet sind, ragen die beiden Metallstangen in den Boden. Sie sind die »Haltepunkte in der Landschaft« – so lautet der Titel, den der Künstler Christian Roehl seiner Haltestelle gegeben hat. Die Stangen tragen das überragende schräge Dach, oder eigentlich die zwei Dächer – wie zwei aufgespießte Blätter auf kleinen Stöckchen. Diese Bushaltestelle, außerhalb der Stadtgrenze, dort, wo die Wiesen und Felder beginnen, sticht wortwörtlich hervor aus der sie umgebenden Weitflächigkeit. Sie macht diesen Ort des Wartens zum Ort des Geschehens.

Man geht um das Gebilde herum, versucht, die Winkel und Ecken, die Kanten und Seiten der zusammengenieteten Metallplatten zu begreifen – und landet am Ende in ihrem Inneren. Unter den Dachschrägen sind in leuchtendem Rot drei Sitzflächen angebracht und auf der schräg gegenüberliegenden eine weitere. Man sitzt sich gegenüber, vis-à-vis.

So wie in dem Lied aus dem Theater »Linie 1«: »Du sitzt mir jeden Morgen eine Stunde vis-à-vis – mit unbewegter Miene – und wackelst mit dem Knie!« Denn natürlich kennt man sie ja schon längst, die Menschen, die denselben Bus nehmen. Man hat sie genau beobachtet, ihr Äußeres bis in das letzte Detail studiert und kategorisiert. Nichts kann einen mehr überraschen – außer vielleicht ein direkter Blickkontakt und ein Gespräch.

Die Stühle sind eine Einladung. Und noch etwas: Niemand muss, wie bei den anderen Bushaltestellen dieser Stadt, frontal auf die Straße blicken. Diese winzig kleine Drehung macht den Unterschied: Es ist beinahe gemütlich hier in der Vis-à-vis-Haltestelle am Straßenrand, und man fühlt sich mit ihr – ein bisschen herausragend.

Adresse Bushaltestelle, Güterfelde Kienwerder, 14532 Stahnsdorf | **Architekt** Christian Roehl | **Baujahr** 1991 | **Heute** Bushaltestelle | **Bahnhof** Busse 601, X1

18 Das Casino

Ein Pleasureground für den Prinzen

Laue Nächte, erfüllt vom Gesang der Zikaden und am Horizont die feinen Silhouetten der Zypressen – es lässt ihn einfach nicht mehr los. Als Prinz Carl von Preußen von einer Italienreise nach Hause zurückkehrt, ruht er nicht eher, bis er einen Ort gefunden hat, um seine Sehnsucht zu stillen, einen Ort, um sich sein Italien nachzubauen. Und am Ufer der Havel wird er fündig. Jetzt fehlen noch Häuser, um die Hügellandschaft südlich von Berlin als Sommerresidenz zu beziehen.

Karl Friedrich Schinkel ist der angesagte Architekt der Zeit, er wird vom Prinzen beauftragt, die Antike auf dem märkischen Boden auferstehen zu lassen. Und das liegt Schinkel. Im Zentrum des großen Parks steht das Schloss, es gleicht vielmehr einer italienischen Villa als einem herkömmlichen Schloss, ein schlichtes Gebäude, klar und vollkommen klassisch in Form und Farbe. Als Erstes aber lässt der Prinz das alte Billardhaus am Ufer umbauen, oder besser »antik« bauen. Es soll ein ganz besonderer Ort werden, ein Abendsitz zum Festefeiern. Und Schinkel erschafft ein Juwel. Schon bald wird das Haus am Ufer nur noch das Casino, italienisch für »das Häuschen«, genannt. Wenn Schloss und Park die Aufgabe haben, das Fernweh zu stillen, dann ist dies spätestens an diesem Ort erfüllt. Der Blick ist von jedem Bereich aus auf das Wasser gerichtet, zu beiden Seiten erstrecken sich parallel zum Ufer von Wein berankte Laubengänge. Und in der Mitte treffen sich alle Aufgänge auf einer Terrasse, die jeden Fernweh-Rest mit einem Wisch hinwegfegen: die Weite des Himmels über dem Wasser lässt einen für einen kurzen Moment den Boden unter den Füßen verlassen – so leicht wird einem ums Herz.

Vergesst das Mittelmeer!

Adresse Casino im Schlosspark Klein Glienicke, Königstraße 36, 14109 Berlin-Wannsee | Architekt Karl Friedrich Schinkel | Baujahr Umbau 1824 | Heute Museum | Bahnhof Bus 316 Glienicker Lake

19 Der Checkpoint

Klare Botschaft

Wenn man die Spinnerbrücke hinter sich gelassen hatte und das Ende der Avus näher kam, wurde es ernst. Das war jedem im Auto klar. Am Kontrollpunkt Drewitz wurde kein Wort zu viel gesprochen oder gar ein Witz versucht. Auch wenn man noch so lange warten musste auf dem großen weiten Parkplatz vor dem Grenzübergang. Umso auffälliger, aber auch gleichzeitig etwas fehl am Platz kamen einem immer die Raststätte und Tankstelle vor dem Grenzübergang in ihrer ganzen ausgelassenen 1970er-Jahre-Poppigkeit vor. Alles an dem Dreigestirn Tankstelle, Raststätte und Alliierten-Stützpunkt war rund und rot. Es war die Verabschiedung und der Willkommensgruß des Westens, wo alles erlaubt war, wo die Farben knallten und die Formen eine Eigenwilligkeit entwickelten. Pop eben. Ein Signal, das vor allem eins nicht war: leicht zu übersehen. Das ganze Ensemble zu beiden Seiten der Autobahn war vor allem eine Reviermarkierung. Denn natürlich wurde hier kurz vor der Grenze nicht wirklich eine Raststätte gebraucht, die Nutzung war im Grunde vollkommen nebensächlich, denn wer nach Westdeutschland wollte, fuhr durch bis Helmstedt, und wer von der Transitfahrt nach Berlin kam, wollte auf schnellstem Weg nach Hause.

Die Raststätte »Dreilinden« ist der markanteste Bau am Checkpoint Bravo. Ein vierstöckiger Zylinderbau, der seinen Namen zum Namen des gesamten Grenzübergangs gemacht hat. Sogar mehr noch: Der Name wurde zum Begriff für das Tor nach Westberlin. Durch dieses Nadelöhr kamen beinahe alle, die nach Westberlin wollten. Eine Art Stadttor im geteilten Land und vielleicht eins der wichtigsten Bauwerke der Berliner Nachkriegszeit. Und eins der wenigen Beispiele für Pop-Architektur in Berlin.

Adresse Checkpoint Bravo, Kontrollpunkt Dreilinden, 14109 Berlin-Wannsee | Architekt Rainer Rümmler | Baujahr 1968–72 | Heute Leerstand | Bahnhof Bus 118/620 Isoldestraße

DREILINDEN

20 Das Cinéma

Das schwungvolle Bijou

Wenn man den richtigen Winkel gefunden hat, dann präsentiert sich vor einem die ganze Anmut, denn dann erscheint das Gebäude direkt gegenüber vom Flugfeld wie ein Band, ein gewelltes Band, ganz ohne Körper. Und die Welle von dem großen Band wird von einem kleineren vorstehenden Band übernommen, das eigentlich nur aus einer Einfassung mit kleinem Vordach und Glasscheiben besteht – und dann weiterführt, um einen grünen wild bewachsenen Innenhof herum bis zum nächsten Gebäude. Das vordere Band ist wie ein Rahmen vor dem Gesamtwerk, es verbindet die beiden Gebäude, das Kino und das Hotel, gebaut von der französischen Militärregierung als Kulturhaus für die französischen Soldaten und ihre Familien und später auch für die Berliner geöffnet.

Das ganze Ensemble schwingt und singt von neuen Zeiten und einem unbeschwerten Savoir-vivre. Das macht vor allem auch der gelb leuchtende Schriftzug. Nicht nur das geschwungene L, sondern vor allem der verheißungsvolle Akzent dahinter sind fremd und aufregend. L'aiglon, kleiner Adler. Wahrscheinlich weiß kaum ein Berliner um die Bedeutung, aber der Name passt zu den Schwingen des Gebäudes. Es ist von einer eleganten Zurückhaltung, wie es sie eigentlich nur im vollen Bewusstsein um die eigene Brillanz geben kann.

Das Gästehaus ist wieder in Betrieb, aber ob das Kino jemals wieder die Saaltüren öffnet, bleibt ungewiss. Die etwas verlassene Lage als einziges Haus zwischen Kaserne und Flugfeld an einer großen Zufahrtsstraße zumindest könnte schon bald passé sein. Eine Prognose sei gewagt: Wenn es nach der Schließung des Flughafens Tegel eine neue Nutzung und Belebung der großen Flächen gibt, dann wird dieses Schmuckstück wieder brillieren.

Adresse Cinéma L'aiglon, Kurt-Schumacher-Damm 121 – 123, 13405 Berlin-Reinickendorf | Architekt Hans Wolff-Grohmann | Baujahr 1955 – 56 | Heute Gästehaus, Kino geschlossen | Bahnhof U Kurt-Schumacher-Damm

L'Aiglon

21 Die Container

Ein interaktives Befreiungsmodell

Manchmal muss man sich einfach befreien. Von der Vorstellung zum Beispiel, dass ein Container eng und dunkel und absolut kein angenehmer Wohnort ist. Die befreiende Verfremdung haben die Architekten dadurch erreicht, dass sie den Containern nicht nur große Fenster eingesetzt haben, sondern auch dadurch, dass sie ihre Oberfläche mit einer ganz eigenen vorzeitigen Patina versehen haben. Der satte Rostton verleiht den Schiffscontainern ein neues Leben, es ist, als hätten sie ihr altes Dasein auf den großen Dampfern hinter sich gelassen, um sich hier am Rand des Plänterwalds zur Ruhe zu setzen. Diese Gemütlichkeit wird gepaart mit einer ganz eigenen Lebendigkeit, die wiederum durch die Anordnung hergestellt wird. Die 420 einzelnen Module sind gestapelt und durch ein Stahlgerüst miteinander fest verankert. Die Treppenanlagen und die Galerien, die an den oberen Stockwerken entlangführen, verbinden die einzelnen Wohnräume zu einem Ganzen. Es entsteht ein Gesamtbauwerk, das ein Gemeinschaftsgefühl vermittelt. Auch, weil die Flächen zwischen den drei Riegeln frei und grün bleiben.

Aus den Stahl-Ungetümen wird ein Modul-Dorf, das jeden Bewohner auffordert, sich einzubringen, Teil dieser neuen Welt zu werden, die den Anschein erweckt, dass sich die Idee, die sie transportiert, eben auch auf andere Ebenen übertragen lässt. Wie gestaltet man die Gemeinschaftsflächen, wie organisiert man das Zusammenleben?

Am liebsten würde man es jetzt gleich auch einmal ausprobieren, wie es sich anfühlt, in einem Modul zu leben, in dem nur das Nötigste Platz findet. Wie würde sich das eigene Leben dadurch verändern? Es könnte durchaus eine Befreiung sein.

Adresse Eba 51, Frankie & Johnny, Eichbuschallee 51, 12437 Berlin-Plänterwald | **Architekt** Holzer Kobler Architekturen | **Baujahr** 2019 | **Heute** Studierendendorf | **Bahnhof** S Baumschulenweg

22 Die Dachterrasse

Palazzo mit Weitblick

In einer Stadt gibt es keinen Horizont. Aber es gibt immer wieder Orte, an denen man dennoch einen finden kann, nämlich über dem Häusermeer. Es beruhigt ungemein, dem orangeroten Sonnenball von Zeit zu Zeit beim Hineinsinken in die Dächerwellen zuzusehen. So wie hier. Der Verkehr auf der großen Straße ebbt ab zu einem fernen Rauschen, die wenigen Nadel-Kirchtürme, die aus dem Meer herausragen, geben Orientierung. Und der Fernsehturm schmiegt sich vorsichtig an einen der beiden Türme vom Frankfurter Tor. Die Dimensionen verschwimmen, die Konturen nehmen ab. Die vielen Blumen, der rankende Wein und die Lichterkette machen die Dachterrasse zum perfekten Sehnsuchtsort.

Hanns Hopp, der sich als Architekt in den 1920er Jahren an Expressionismus und Bauhaus orientiert hatte, musste sich in den 1950er Jahren den Vorgaben der DDR-Regierung unterordnen. Alle Architekten sollten sich am sogenannten sozialistischen Klassizismus orientieren. Und Hanns Hopp nahm sich alles, was er finden konnte, denn Historismus war ausdrücklich erwünscht: Kolonnaden, Balustraden, Gesimse, Figuren, sogar eine kleine Piazza mit eingefasster Uhr finden sich an seinem Block G am Beginn der damaligen Stalinallee. Ein wahrer Palazzo – mit Arbeiterwohnungen. Auf den Dächern der großen Blockbauten stehen etwas zurückgesetzt, versteckt hinter dicken Balustraden, kleine flache Häuschen. Sie sind ebenso wie der gesamte Block in milchig-weiße Fliesen gefasst. Es waren damals die Waschhäuser für die Bewohner. Und dort oben, wo sie ihre Wäsche zum Trocknen aufhängten, fanden sie den Horizont.

Die Stadt hat sich weiterentwickelt, die Wäsche wird heute von Waschmaschinen gewaschen – der Blick in die Ferne ist geblieben.

Adresse Die Dachterrasse am Frankfurter Tor, Frankfurter Tor, 10243 Berlin-Friedrichshain | **Architekt** Hanns Hopp | **Baujahr** 1951 – 58 | **Heute** Wohnhaus, Terrasse, privat | **Bahnhof** U Frankfurter Tor

23 Das Denkmal

Ein Gesamtkunstwerk

Wie Soldaten stehen die Pappeln zu beiden Seiten Spalier, wie trauernde Menschen krümmen sich die Hänge-Birken daneben im Gras. Der Weg führt durch zwei zum Triumph aufgerichtete Fahnen aus rotem Granit, davor jeweils ein kniender Soldat – und dann erstreckt sich vor einem in einer monumentalen Wucht und kaum zu begreifenden Weite das symbolische Gräberfeld. Am Ende erwartet einen auf dem Hügel das Mausoleum mit dem Kolossdenkmal des Befreiers, ein gut aussehender Soldat mit einem Kind auf dem Arm, der mit einer martialischen Geste das Hakenkreuz zu seinen Füßen mit einem Schwert zerschlägt.

Das Sowjetische Ehrenmal im Treptower Park gedenkt der 80.000 sowjetischen Soldaten, die bei der Befreiung Berlins 1945 gefallen sind. Es ist auch ein Friedhof für 4.600 gefallene Rotarmisten. Vor allem aber ist es eins: eine Inszenierung bis in das letzte klare und für die Ewigkeit in Stein geschliffene Detail. Ein Denkmal für die Sieger.

Skulptur, Architektur und Natur fügen sich zu einem Gesamtkunstwerk zusammen. Aber begreifen kann man es erst, wenn man der Dramaturgie in seiner klaren und geometrischen Anweisung bis zum Ende Folge geleistet hat. Dort steigt man die Stufen empor, über sich den mächtigen Befreier, und blickt beinahe ehrfürchtig hinein in das Mausoleum mit dem glitzernden Mosaik. Die Stilisierung der Figuren, die wuchtigen Formen sowie die Pathetik des Sowjetischen Realismus mögen uns heute übertrieben vorkommen, aber, und man ist selbst ein wenig erstaunt, sie funktionieren noch heute. Sie provozieren Gefühle. Auch wenn die Sprache aus einer anderen Zeit stammt und man die golden gravierten Zitate Stalins heute mit anderem Blick liest: Man ist überwältigt.

Adresse Sowjetisches Ehrenmal Treptow, Puschkinallee, 12435 Berlin-Treptow | Architekt Jakow B. Belopolski, Jewgeni Wutschetitsch | Baujahr 1949 | Heute Denkmalanlage | Bahnhof S Treptow

24 Das Doppelhaus

Duett mit Kiefern

Die Ecke ist die Achse. Die eine Hälfte des Hauses klappt sich nach rechts und die andere nach links hinten weg. Das schafft einen Raum an der Straßenecke, eine Öffnung, als gäbe es gar keine Ecke. Normalerweise spiegeln sich die Doppelhäuser an einer Seite voneinander weg, um möglichst wenig vom angedockten Nachbarn mitzubekommen. Doch dies hat Erich Mendelsohn spielerisch aufgehoben. Die beiden Hälften dieses kubischen Baus wenden sich über eine kleine Ecke einander zu, sie blicken sich an und scheinen sich gegenseitig abzuschirmen vor dem, was von hinten auf sie zukommt.

Die Fassade ist ein Zusammenspiel. Unten ist sie verputzt, die obere Hälfte aber ist mit bräunlichen Klinkersteinen verkleidet, von denen jede zweite Reihe plastisch hervorsteht. Wie eine Kappe mit Rillen auf dem weißen Putz sitzen die Steine auf – und deren Schwere wird aufgebrochen durch weiß verputzte Fassadenbänder.

Heute stehen im Vorgarten große Kiefern. Und als hätte Mendelsohn es geahnt, machen sie das Zusammenspiel perfekt. Die Farblichkeit der Klinkersteine passt genau zu dem Braunton der Baumstämme. Und das Licht, das in hellen Streifen zwischen den Kiefern hindurchfällt, findet sich auch auf der Fassade wieder: in den weißen abgesetzten Putzstreifen zwischen den Klinkern.

Obwohl die aufgeklappte Ecke eine Öffnung erzeugt, ist das Haus nach vorne eher geschlossen. Die Fenster sind klein und liegen horizontal. Alles richtet sich nach oben hin aus, wo hinter dem Klinkerfirst die große Dachterrasse liegt. Und darüber sieht man dann nur noch die struppigen Kronen der Kiefern in luftiger, unerreichbarer Höhe, die sich ungerührt geben von Ecken, Bauten und Spiegelungen.

Adresse Doppelvilla, Karolinger Platz 5/5a, 14052 Berlin-Charlottenburg | Architekt Erich Mendelsohn | Baujahr 1921–22 | Heute privat | Bahnhof U Theodor-Heuss-Platz

25 Das Eckhaus

Eine Vision im Wirbel der Geschichte

Das Eckhaus ist ein Puzzle. Und zwar eines der faszinierendsten, das Berlin zu bieten hat. Das erste Puzzleteil ist eine lange Sandsteinfassade. In den Fenstern blitzt ein Hauch von Jugendstil auf und lässt den langen Bau elegant und vornehm wirken. Und das war er auch: 1900 lässt Rudolf Mosse an der Ecke mitten im historischen Zeitungsviertel ein prächtiges Verlagshaus entstehen für sein »Berliner Tageblatt«. Und es erhält den Namen, den das ganze Puzzle noch bis heute trägt: das Mossehaus.

Im Ersten Weltkrieg wird das Eckhaus von den Spartakusaufständischen eingenommen und im Kampf mit den Truppen zerstört. Nach der Revolution wird es wieder aufgebaut. Aber der neue Architekt denkt das Gebäude vollkommen neu. Erich Mendelsohn ist ein Expressionist durch und durch. Und er traut sich was: Er stülpt eine neue Ecke vor das historische Fassadenelement. Mit einem runden Vordach aus schwarzer Keramik, das den Sockel für schmale Fensterstreifen bildet, ebenso eingefasst von schwarzer Keramik. Die Ecke ist nicht länger eine Ecke, sondern ein runder plastischer Bogen, der sich kontrastreich gestreift nach oben schwingt. In diese schwarze Fassung der gesamten Ecke setzt er als weiteres Puzzleteil noch zwei zusätzliche Geschosse obendrauf und schließt mit einem dritten Aufbau nur oberhalb des Vordachs ab. Es ist eine Dynamik, die jeden mitnimmt. Es ist die Vision von einer neuartigen Formsprache, die Wirklichkeit geworden ist und die der Architektur eine ganz neue Richtung vorgibt.

Im Zweiten Weltkrieg wird das Haus abermals beschädigt – und als Berlin in Ost und West geteilt wird, wird es auch das Mossehaus: Die Grenze durch Berlin führte geradewegs durch das Haus hindurch.

Adresse Mossehaus, Schützenstraße 25 – 32, 10117 Berlin-Mitte | Architekt Erich Mendelsohn und Richard Neutra | Baujahr Erweiterung 1921 – 23 | Heute Mosse-Zentrum Berlin, Bürohaus | Bahnhof U Spittelmarkt

MOSSE-ZENTRUM-BERLIN

26 Die Edelplatte

Jugendstil auf WBS 70

Der Gendarmenmarkt ist eine Mischung aus Barock, Klassizismus – und Platte. Und dass sich das alles irgendwie zusammenfügt, ist vor allem einem Menschen zu verdanken: Manfred Prasser. Der Architekt hat in Ostberlin bereits einige bedeutende Projekte realisiert, unter anderem den Großen Saal im Palast der Republik und den Friedrichstadtpalast, als er beauftragt wird, für die 750-Jahr-Feier von Berlin den damaligen »Platz der Akademie« zu gestalten. Ihm ist es zu verdanken, dass der Gendarmenmarkt seine eigenwillige klassizistische Ausrichtung bekommt, mit Kugelahorn und Jugendstil-Bodenplatten. Er sei ein Romantiker, sagt Prasser, er könne eben nicht anders. Und er ist ein Meister der Improvisation. Und so erschafft er ein einmaliges historisierendes Wohnquartier rund um den Platz. Aus Platten. Die größte Herausforderung stellt die sogenannte »Funktionsunterlagerung« dar, also die Büro- und Geschäftsräume im Erdgeschoss. Prasser erfindet sich eine Architektur, die das alte Berlin wieder nachbaut – und dennoch etwas Eigenes ist: alles aus Fertigbauteilen des Typs Wohnungsbauserie 70 (WBS 70).

Das Haus an der Ecke ist etwas, das im Plattenbau eigentlich nicht vorgesehen ist: ein Unikum. Denn es hat nicht nur die Arkadengänge vor den Geschäften, Erker und Sonderfertigelemente vor den Fenstern, sondern hier schmückt ein besonders buntes und schwungvolles Jugendstil-Mosaik die grauen Platten auf verspielte, ja fast schon übermütige Weise. Es zeigt, dass auch in der DDR in den 1980er Jahren das schmucklose und rein funktionale postmoderne Bauen hinterfragt wurde und eine Rückwendung zum Historischen stattfand – und es zeigt auch, dass Platte eben nicht gleich Platte ist.

Adresse Haus am Gendarmenmarkt, Charlottenstraße 50, Mitte | Architekt Manfred Prasser | Baujahr 1980 – 84 | Heute Hotel und Restaurant | Bahnhof U Französische Straße

27 Die Fabrik

Licht, Licht und noch mal Licht

Versteckt hinter zwei erhabenen Weiden, die ihre Äste wie Vorhänge hin und her gleiten lassen, sodass immer wieder nur ein Teil der Fassade durchschimmert, geradezu lauschig und ganz und gar nicht so, wie man sich Industrie vorstellt, liegt, kurz vor dem Teltow-Kanal, diese wunderhübsche gelbgrüne Fabrik. Die Streben in den hohen durchgängigen Fensterbändern sind mit schwarzem Detopak-Glas verkleidet, was einen eleganten Kontrast zu den hellen Fliesen setzt. Überhaupt ist Eleganz hier das Stichwort. Die Rundung hin zum Haupteingang, die hohen hellen Fenster – es ist ein lichtdurchflutetes, offenes Gebäude und keineswegs eine dustere Produktionsstätte.

Und vielleicht ist es die neue rationelle Anordnung der Räume, vielleicht aber auch die perfekte Tageslichteinstrahlung von Ost und West in den Fabrikraum, und vielleicht ist es sogar ein Stück weit die Ästhetik, die sich Robert Abrahamsohn für den Neubau seiner Spezialfabrik von elektrischen Messinstrumenten und Widerständen etwas hat kosten lassen – denn schon ein Jahr nach dem Umzug der Firma an den Stadtrand konnte Abrahamsohn bei gleich gebliebener Belegschaft und Arbeitsleistung einen wirtschaftlichen Erfolg verbuchen. Mehr Produktivität einerseits durch verbesserte Funktionalität, aber eben auch durch mehr Licht. Eine Fabrik zu öffnen ist eine neue, eine bahnbrechende Idee. Und im oberen Geschoss des Gebäudes der Abrahamsohn'schen Fabrik ist das Licht sogar vollkommen ungebrochen. Die durchgängigen Fenster zu beiden Seiten erhellen die mechanische Werkstatt, den einzigen großen Raum. Der helle Farbton der Fliesen und die hellen Räume im Inneren lassen diese Fabrik wahrhaftig ein wenig leuchten.

Adresse Elektro-Mechanik-Fabrik Abrahamsohn, Nicolaistraße 7, 12247 Berlin-Lankwitz | Architekt Martin Punitzer | Baujahr 1918–29 | Heute Landesinnung des Dachdeckerhandwerks Berlin | Bahnhof Busse 183, 283, 380: Mozartstraße

28 Die Fabrikantenvilla

Alte Grandezza im wilden Grasland

Hier war Sperrgebiet. Die Stasi archivierte in dem alten Haus am Stadtrand NS-Akten, nebenan befand sich das Stasi-Gefängnis Hohenschönhausen. Dann kam die Wende, das Sperrgebiet wurde aufgehoben, und das Gebäude stand viele Jahre leer. Das Gras drum herum wuchs hoch.

Steht man heute davor, kann man sie noch gut nachspüren, die einstige Grandezza dieser frei stehenden Villa. Hinter dem wilden Grasland ragt in einiger Entfernung der Backsteinschlot der damaligen Maschinenbaufabrik Richard Heike empor. Aber die dreistöckige Villa war mehr als eine Fabrikantenvilla. Hinter den großen Fenstern des Hochparterres befand sich nicht etwa der Salon der Familie – hier präsentierte Direktor Heike auf dem durchgängigen Terrazzoboden und zwischen dorischen Säulen seine Maschinen für Fleischverarbeitung. Darüber lagen Verwaltungsräume. Der einzige Balkon am Haus, oben unter dem Dach im dritten Stock, zeigt, dass sich dort die Wohnung der Fabrikantenfamilie befand. Baulich ist die Villa eine Besonderheit für Berlin. Sie spiegelt all das, was in dieser Zeit so aufeinandertraf, in einer einzigartigen gelungenen Komposition. Die typischen Spuren des Historismus sind jäh durchbrochen von einem neuartigen Schwung, dieser Jugendstil hingegen geht über in strenge geometrische Formen des Art déco, und über den Säulen im Hauseingang und den historisch anmutenden Aufgängen entdeckt man eine Kassettendecke aus Beton, die schon erste klare Züge des Bauhaus erkennen lässt.

Man bewundert die feine, geschwungene Linienführung an den Fenstern, ihre abgekanteten Ecken, und spürt, dass hier ein Mensch für seine Traum gebaut und gelebt haben muss – für die Maschinen, die er selbst erfunden hat.

Adresse Villa Heike, Freienwalder Straße 17, 13055 Berlin-Hohenschönhausen | Architekt Richard Lotts | Baujahr 1910 – 11 | Heute Atelier- und Bürohaus | Bahnhof Bus 256 Freienwalder Straße

29 Die Fakultät

Seid neugierig!

Auf jeder Etage muss man sich neu orientieren. Der Blick aus den Fenstern ist dabei hilfreich. Er ist die feste Konstante beim Hhersteigen über die beiden Lichthöfe. Wie Stege führen die Treppen über den Abgrund. Sie leiten einen nach einem unsichtbaren System Stockwerk für Stockwerk durch das Institut für Architektur und legen dabei immer an anderer Stelle an. Sie führen von den Galerien zu beiden Seiten aufwärts und abwärts. Jede Ecke wird hier bespielt. Das gesamte Gebäude ist aus vielen einzelnen Beton-Fertigteilen zusammengesetzt.

Die Etagen selbst sind nicht besonders hoch, Höhe und Raum schaffen die beiden Treppenhöfe vor den durchgängigen Fenstern. Sie werden zum Ort der Begegnung, ob man will oder nicht, denn schließlich kommt man auf den Steg-Treppen kaum aneinander vorbei, ohne sich in die Augen zu sehen.

Und wenn man sich der Treppenführung ganz hingegeben hat, dann folgt der Blick. Man bekommt unweigerlich mit, was sich auf den einzelnen Etagen abspielt. Denn man läuft durch sie hindurch, nicht nur durch ein abgelegenes Treppenhaus. Und durch die Oberlichter über den Türen guckt man in die Räume hinein, erspäht Modelle in Regalen und Menschen an Arbeitstischen. Anstelle von Geländern sind an den Brüstungen durchgängige Holzpulte angebracht, die dazu einladen, sich genau hier an dieser Offenheit zu beteiligen. Denn sie ist hier das Geschenk. Sie verbindet die einzelnen Bereiche, schlägt Brücken und sagt der Routine den Kampf an. Sie will allen zurufen: Bleibt wachsam, seid neugierig! Und was würde besser passen zu einer Architektur-Fakultät als diese Botschaft. Schließlich entsteht hier das Neue, noch ganz klein und zart, aber wenn es wächst und größer wird, dann wird es zur Zukunft.

Adresse Institut für Architektur, Technische Universität Berlin, Straße des 17. Juni 152, 10623 Berlin-Tiergarten | Architekt Bernhard Hermkes | Baujahr 1968 | Heute Fakultät VI Planen Bauen Umwelt | Bahnhof U Ernst-Reuter-Platz

30_Die Fassade

Die zeitlose Schöne

Es gibt eigentlich nichts, was dieses Haus noch nicht gesehen hat. Erbaut als Wohn- und Geschäftshaus, ist es schon bald stadtbekannt. Der »Femina-Palast« ist einer der angesagtesten Amüsement-Orte von Berlin: mit 2.000 Sitzplätzen, einem Ballsaal, zwei Bars, drei Kapellen, täglich Tanztee und mit der Sensation: dem hydraulisch zu öffnenden Glasdach. Einige Zeit später dann spielen in der legendären »Badewanne« Louis Armstrong, Ella Fitzgerald und Duke Ellington, und im »Dschungel« feiern auf seinen beiden Etagen in den 1980er Jahren David Bowie und Lou Reed. Der Ballsaal wird dann irgendwann für die Kantine der Berliner Finanzverwaltung umgebaut, und nach jahrelangem Leerstand bezieht schließlich das Ellington Hotel das ehemalige »Haus Nürnberg«.

Die Fassade hat alles überdauert, hat zusammengehalten, was auch immer sich gerade hinter ihrem Rücken die Klinke in die Hand gegeben hat – und während all der Zeit hat sie nicht einen Funken ihrer Schönheit eingebüßt.

Die horizontale Ausrichtung durch die Fensterreihen und den hellen Travertin-Stein geben dem Gebäude seine Klarheit, die roten Fensterrahmen und die Steinbänder unter den Fenstern betonen die beeindruckende Länge: Beinahe wie eine Landschaft kann man die Fassade betrachten, wie über leichte Hügel ziehen die Fensterreihen um die beiden Erkertürme, bis sie sich immer schmaler werdend zum Horizont hin verlieren. Die durchgängigen hohen Schaufenster im Erdgeschoss sind von Messingrahmen eingefasst, ebenso wie der Haupteingang, und oben auf den beiden Türmen sitzen Glaskuppen. Die Fassade ist von einer zeitlosen Vornehmheit, die einen jedes Mal von Neuem in Bann zieht, wenn man in die Nürnberger Straße einbiegt.

Adresse Haus Nürnberg, Nürnberger Straße 50–55, 10789 Berlin-Schöneberg | **Architekt** Richard Bielenberg und Joseph Moser | **Baujahr** 1928–32 | **Heute** Ellington Hotel Berlin | **Bahnhof** U Wittenbergplatz

ZIEHEN | PULL

31_Das Fertighaus

Typ Kupferstolz

Die dicken Mauern haben ausgedient. Häuser, teuer im Bau und ganz und gar unflexibel im Wohnen, gelten als überholt. Bauen muss billiger werden – so lautet die oberste Maxime. Also werden neue Strukturen ausprobiert, andere Materialien lanciert. Um das Wohnen wirklich bezahlbar zu machen, müsse das Baugewerbe industrialisiert werden, schlussfolgert Sigfried Giedion 1929 in seinem Buch »Befreites Wohnen«. Licht, Luft und Öffnung lautete die Devise all derer, die das Bauen neu denken. Auch in Eberswalde bei den Hirsch Kupfer- und Messingwerken AG wird experimentiert. Das Ergebnis: das erste Fertigbauhaus der Welt, und zwar aus Kupfer.

Ein Holzrahmen bildet das Konstrukt für dieses Einfamilienhaus. In die Rahmen kommen die fertig fabrizierten Kupferplatten als Außenfassade, die Innenwände sind aus geprägten Stahlblechwänden, den Metall-Tapeten mit Rautenmuster. Dazwischen sorgen 16 Schichten aus weiteren Metallen für eine bisher einzigartige Isolierung.

Walter Gropius ist begeistert. Endlich sieht er eine Möglichkeit, seine Idee von einem »Baukasten im Großen« umzusetzen. Er übernimmt die Leitung der Kupferhausproduktion. In dem Werbekatalog werden zwölf Vorzüge aufgelistet, unter anderem wird gepriesen, dass das Haus in einer einzigen Autoladung ankommt und innerhalb von 24 Stunden aufgestellt wird. An jedem Ort der Welt und für unbegrenzte Dauer. Der letzte Punkt zumindest scheint zu stimmen. Auch heute ist das Kupferhaus in der Schorlemerallee mit seiner dunklen, leicht grünlich schimmernden Fassade und den leuchtend grünen Fensterläden etwas Besonderes, und man nimmt sich vor, möglichst bald auch noch die anderen sieben Kupferhäuser zu besuchen, die in Berlin stehen.

Adresse Kupferhaus Typ R, Schorlemerallee 16, 14195 Berlin-Dahlem | **Architekt** Robert Kraft | **Baujahr** 1930 | **Heute** Wohnhaus, privat | **Bahnhof** U Podbielskiallee

32 Der Flughafen

Die Ära der Wabe

Keine endlosen Gänge, Laufbänder, Busfahrten – in Tegel lag alles nebeneinander: Gangway, Kofferband und dann noch die 20 Meter bis zum Ausgang. Deshalb gab es auch keine Ruhezonen. Niemand blieb hier lange sitzen auf den knallroten Schalenstühlen. Ein Flughafen der kurzen Wege. Das war die Vision. Und zwar eine, die sich wahrscheinlich an keinem anderen Ort der Welt hätte realisieren lassen. Außer in Westberlin. Westberlin war klein, überschaubar und kein Flugknotenpunkt. Vielmehr Endstation. Und vertrautes Terrain. Kam man von einer langen Reise, atmete man auf. Endlich angekommen. In Tegel. Fast immer traf man irgendjemand, und als Kind war es die große Mutprobe, einmal um das Sechseck herumzulaufen, sich für einen kurzen Moment verloren zu glauben – und dann den Ausgangspunkt wieder zu entdecken. Überhaupt gab es viel zu entdecken. Der Noppenboden quietschte schön, alles war knallrot, orange oder blau, es gab keine Kanten an den Check-in-Schaltern, nur abgerundete Ecken – und natürlich Sechsecke. Das sechseckige Treppenhaus ist ein Kunstwerk für sich. Die sechseckigen Sterne über den Betonstützen sind Unikate. Und sechseckig waren auch die Bodenfliesen. Keine Modernisierung konnte dem Gebilde diesen Charme nehmen. Immer noch leuchten die Symbole von den Orientierungsleisten ganz in Pop, Hellgrün und Hellgelb.

Doch der Flughafen als futuristisches Raumschiff-Gebilde hat sich überholt, besser: wurde überholt. Tegel wird ein Nostalgieort bleiben. Die Wabe, hört man die Menschen seufzen. Die Ära der Wabe neigt sich dem Ende zu – aber auch zu einem neuen Anfang hin! Die Zukunft des denkmalgeschützten Hexagons ist noch ungewiss – die Verpuppung kann beginnen!

Adresse Flughafen Berlin-Tegel »Otto Lilienthal«, Saatwinkler Damm, 13405 Berlin-Tegel | Architekt Meinhard von Gerkan und Volkwin Marg | Baujahr 1965–75 | Heute Schließung 8.11.2020 (geplant) | Bahnhof Busse X9, 109, 128

7
Abflug
Departure
Planmäßig
Scheduled
Flug-Nummer
Flight-Number
Nach / über
To / via
Erwartet
Expected
Bemerkungen
Remarks
AEG
Ausreise aus der EU
ZOLL
€10 000
Vergessen Sie nicht,
dies beim Zoll VOR Durchschreiten
der Sicherheitskontrolle anzumelden!

OTTO LILIENTHAL
DERTOUR

33 Das Foyer

Ein virtuoses Quartett

Natürlich sucht man das Sonnendeck, alle auf dem Schiff suchen es. Das Sonnendeck ist der Konzertsaal. Aber auch schon auf dem Weg dorthin wird man dem festen Boden enthoben und über unzählige Brücken und Treppen, Stege und Galerien zu einem der 27 Eingänge geführt, die einen in den Saal bringen. Die Eingangshalle wird bis in die letzte obere Ecke unter der Decke genutzt, wo man durch ein rundes Guckloch noch einen Blick von oben werfen kann, auf das Schiffsinnere, das Foyer. Auf das Kunstwerk. Es sind eigentlich immer nur Ausschnitte, nie ist das Foyer in seiner Gesamtheit zu überblicken. Aber die Ausschnitte haben es in sich. Denn sie sind gespickt mit kleinen Besonderheiten des Architekten Hans Sharoun, wie zum Beispiel den Wandlampen, den Spiegeln oder den gezupften Geländern. Alles ist funktional, aber trotzdem aufregend. Vor allem aber ist es ein Zusammenspiel: So hat der Künstler Alexander Camaro die bunten Farbglaswände entworfen, die dem Foyer seinen festlichen Charakter verleihen. Die runden Glassteine in der schwarzen Fassung geben ein Lichtspiel wieder, wie man es mit 1.000 Scheinwerfern nicht erschaffen könnte. Die Farben blitzen ineinander, laufen aus und wieder zusammen wie die Reflexion bunter Leuchtreklamen auf regennassem Asphalt in der Nacht. Das verleiht dem Schiff eine feierliche Weltstädtigkeit.

Den Fußboden wiederum hat Erich Fritz Reuter entworfen, er hat den grauen Naturstein mit farbigen Mosaiken durchsetzt, die ungeahnte Spiele am Boden entstehen lassen. Und schlussendlich noch die runden Lampen – die »Philharmonieleuchte I« von Günter Ssymmank, auch sie ist ein Teil dieses Gesamtkunstwerks, des Viergestirns in der Philharmonie.

Adresse Foyer der Berliner Philharmonie, Herbert-von-Karajan-Straße 1, 10785 Berlin-Tiergarten | Architekt Hans Scharoun | Baujahr 1960–1963 | Heute Philharmonie | Bahnhof Potsdamer Platz

34 Die Frauenklinik

Rundes Fragment einer großen Vision

Jede Ecke ist ein brutaler Einschnitt. Sie stoppt den Blick und zwingt ihn, neu anzusetzen. Und deshalb ist dieses lange, dreigeschossige Haus von der Ziegelstraße eine Erholung. Denn dort, wo die Ziegelstraße mit der Tucholskystraße eine Ecke bildet, führen die quadratischen Fenster wie Bänder um eine Rundung herum, und der Blick folgt ganz von selbst, bis die Fenster-Kette dann hinter der Biegung wieder verschwindet, ganz ohne abgeschnitten zu werden.

Nicht viele kennen das runde Bauhaus von Mitte, das etwas versteckt zwischen den alten Charité-Ziegelbauten hervorlugt, aber dieses Haus mit dem Flachdach und dem mondänen runden Kragdach über dem gläsernen Aufbau sollte nur den Auftakt bilden. Baurat und Architekt Walter Wolff hatte radikale Pläne für die Neugestaltung der Universitätsklinik am Spreeufer. Die alten ehernen Klinikgebäude, die 1878 bis 1893 nach Plänen der Architekten Walter Gropius und Heino Schmieden am Spreeufer errichtet worden waren, sollten allesamt abgerissen werden und ganz neuen, modernen Klinikgebäuden weichen.

Die Wirtschaftskrise 1932 stoppte das Bauvorhaben, und so steht heute einzig und allein die Frauenklinik – das Fragment einer großen Vision.

Denn zukunftsweisend war sie allemal. Sie war mit Kreißsälen und einer Wochenbettstation einerseits funktional ausgerichtet, aber Wolff setzte ganz wortwörtlich noch etwas drauf: Ein gläserner Gymnastiksaal und eine windgeschützte Liegehalle auf dem Dach sorgten für einige Aufregung. Das war neu und extravagant. Und es zeugt von einer räumlichen Großzügigkeit, die bei Funktionalbauten früher oder später in der Stadt kaum ein zweites Mal zu finden ist.

Adresse Ehemalige Universitäts-Frauenklinik, Ziegelstraße 14–18, 10117 Berlin-Mitte | Architekt Walter Wolff | Baujahr 1928–32 | Heute Wohnhaus | Bahnhof S Hackescher Markt

35 Die Friedhofskapelle

Im Einklang

Es riecht nach sonnenwarmer Erde, nach Heidekraut und Nadelgehölz. Und zwischen den uralten Tannen fügt sie sich in das Bild ein, so als gehöre sie zu dieser Waldlandschaft dazu: die Friedhofskapelle. Ein Holzbau im norwegischen Drachenstil. Die dunklen braunen Planken wirken ganz und gar nicht plump oder blockhüttenhaft, sondern elegant und leicht. Man staunt über dieses Holz, das so viel mehr kann, als man dachte. Es kann vertikal ausgerichtet nach oben streben und horizontal erden. Es kann so eine Balance herstellen und eine Verbindung schaffen zwischen dem Erdenen und dem Luftigen, zwischen dem Unten und dem Oben. Das lässt die Stabkirche in ihrer so schlichten und urtümlichen Bauart erhaben wirken. Und das Holz kann noch was: Es kann zum Schmuck werden. Tritt man näher heran, dann schälen sich Säulen und Vorsprünge, Blumen- und Blätter-Kränze, Kapitäle und Bänder heraus. Die Schnitzereien und die Farben sind schlicht, aber sehr wirkungsvoll. In das Türkisblau scheint etwas Gold beigemischt, wodurch es eine beinahe unwirkliche Strahlkraft besitzt, das aus dem Dunkelbraun der Holzfassade herausleuchtet. Die einfachen Malereien im Inneren sind dezent, zurückhaltend. Braun und Grün bleiben hier als Grundfarben der Erde im Vordergrund. In den Fenstern hingegen, die keinen Blick nach draußen durchlassen, weil sie milchig verglast sind, kommen ein Gelbgold und ein Zartrosa hinzu, die sich als Jugendstil-Ornamentik mit dem wenigen Licht vermischen, das in den dunklen Innenraum fällt.

Vor dem Eingang befindet sich eine überdachte Veranda mit einer Bank. Es ist eine Einladung zum Verweilen und dazu, unter dem bemalten Dach mit Blick auf den Wald dem Einklang ein Stück näher zu kommen.

Adresse Norwegische Stabkirche, Südwestkirchhof Stahnsdorf, 14532 Stahnsdorf | Architekt Gustav Werner | Baujahr 1908–11 | Heute Friedhofskapelle | Bahnhof Bus 601, Gütersfelde Kienwerder

36 Das Funkhaus

Akustische Perfektion

Hier am Rand der Rummelsburger Bucht ist die Zeit stehen geblieben – und gleichzeitig ist es vielleicht der zeitloseste Ort der Stadt. Zuerst begegnet man im Foyer grün gepolsterten Sitzgruppen neben schwarzen Marmorsäulen, steigt dann über eine frei schwingende Treppe mit feinem Fischform-Geländer und kommt oben vorbei an einer holzvertäfelten Bar: Es ist ein völlig unverfälschter 1950er-Jahre-DDR-Schick, wie es ihn eigentlich gar nicht mehr gibt. Doch dann betritt man den Großen Aufnahmesaal 1, das Herzstück dieses ganzen Ensembles – und mit einem Mal versteht man, dass jedes Detail in diesem Gebäude einer einzigen Maxime unterliegt: der Akustik.

Der Studio-Trakt wurde nach einem Haus-in-Haus-Prinzip gebaut. Alle Studios haben ihre eigenen Fundamente und sind durch Hallräume und Dehnungsfugen voneinander getrennt. Wände, Decken und Fußbodenbeläge filtern und absorbieren. Nichts stört den Klang von außen. Ein geschwungener Gang mit Fensterfront verbindet die trapezförmigen Studios miteinander. Und in der Mitte liegt der Große Aufnahmesaal. Seine honigfarbenen Holzdielen mögen abgetreten sein, der Klang ist nach wie vor: perfekt. Alle Konzentration richtet sich hier auf die Musik. Und diese spielt in einer Vertiefung, der sogenannten Wanne, wodurch ein besonderer Raumklang erreicht wird. Alle Schmuckelemente in diesem Saal, die deckenhohen Halbsäulen, die Stuckelemente, die Deckenverkleidung verbessern und verfeinern den Klang – ihre unterschiedlichen Materialien absorbieren alle verschiedenen Frequenzen. Und ein Konzert hier im Saal ist ein Hineinsinken in die Musik, denn man ist ganz plötzlich mittendrin im allumfassenden Klang, der alle Zeitschranken durchbricht.

Adresse Funkhaus Berlin, Nalepastraße 18, 12459 Berlin-Oberschöneweide | Architekt Franz Ehrlich | Baujahr 1951 | Heute Veranstaltungsort, Studios | Bahnhof S Rummelburg, Tram 21 Blockdammweg

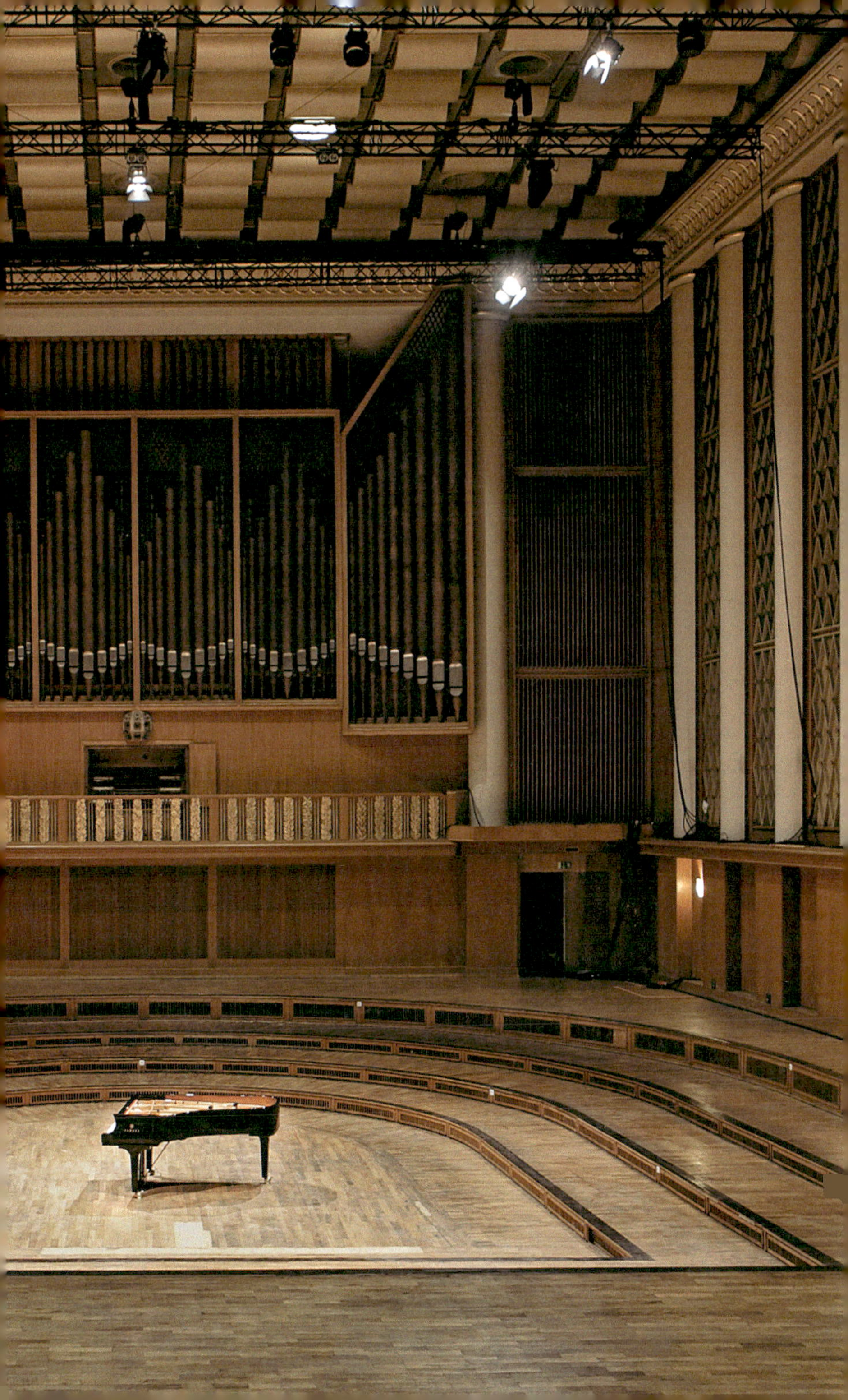

37 Das Futuro-Haus

Beam me up

Immer weiter, höher, schneller. Der Glaube an den technischen Fortschritt beflügelt die Menschen in den 1960er Jahren: grenzenlose Mobilität, Reisen ins All – und das Material der Stunde ist: Kunststoff. Die Architekten teilen diese Space-Age-Euphorie: Die Ecken werden rund, die Farben weiß, alles formt sich glatt und abwaschbar. Das Futuro-Haus verkörpert die Vision dieser Zeit wie kaum ein anderes Bauwerk auf der Welt. Der Finne Matti Suuronen konzipierte 1968 den Prototyp als eine Skihütte für die Berge, eine gut isolierte Kapsel, die sich beheizen ließ und auf den etwas dünnen Beinchen auf jedem noch so unwegbaren Untergrund aufgestellt werden konnte. Und das war auch das Bahnbrechende dieser Plastik-Ellipsoiden. Sie konnten mit dem Transporthubschrauber überall hingebracht werden. Sie sind aus mit Glasfiber verstärktem Polyester und verkünden in der Arktis, auf dem Gipfel oder in der Wüste immer die gleiche Botschaft. Der Mensch als Außerirdischer auf seinem eigenen Planeten schaut durch die runden Fenster und nimmt sich seinen Komfort überall hin mit. Er muss sich nicht mehr den Witterungen aussetzen, er bleibt sowieso nicht für lange an demselben Ort.

Als das Futuro auf der Messe in London präsentiert wird, löst es eine Begeisterungswelle aus. »Diese Kapseln könnten die Antwort des Wohnungsbaus auf Kondensmilch sein – kondensiertes Leben.« (Holiday Magazine 1970)

Das Futuro-Haus wird in Serie produziert. In nur kürzester Zeit erreichen Finnland 400 Anfragen aus der ganzen Welt. Das Futuro-Haus mit der Seriennummer 13 hat auch schon viele Standorte gehabt. Heute steht es am Wasser und erzählt aus einer Zeit, in der die Zukunft noch mechanisch funktionierte.

Adresse Futuro 13, Poetensteig, 12435 Berlin-Treptow | **Architekt** Matti Suuronen | **Baujahr** 1968 | **Heute** von außen zu besichtigen | **Bahnhof** S Plänterwald

38 Der Garten

Ein Ort der Verehrung

Jeder Garten hat vor allem das eine Ziel: den Menschen herauszuholen aus seiner Eingeschränktheit, ihn abzuholen auf eine Reise, ihn zu beflügeln – und seine Mittel dafür sind auf der ganzen Welt die gleichen: Farben, Gerüche und die Anordnung dieser beiden. Man betrachtet die kunstvoll geschnitzten Säulen in der Eingangshalle und braucht eine ganze Weile. Dann endlich hat man verstanden: Es ist der Duft von Zedernholz, der diesen Raum erfüllt. Und damit hat die Reise schon längst begonnen. Der Weg führt durch ein Tor in den Riad – eine klassische orientalische Gartenanlage, geschützt durch hohe Mauern zu allen Seiten. Das Wort Paradies stammt von dem alten persischen Wort »pairidaeza«, und das bedeutet: ummauerter Raum. In der Mitte der vier gleich großen, rechteckigen Beete entspringt eine Quelle. Es ist der Ursprung allen Lebens, der hier verehrt wird. Erst wenn man an sie herantritt, entdeckt man die kunstvollen Malereien auf der Innendecke des hölzernen Pavillons über der Quelle. Die Mosaike an den Wänden nehmen die Formen der Blätter und Blüten auf und ranken sie ineinander in endlosen Mustern. Die ganze kunstvolle Ausschmückung erinnert an prachtvolle Verzierungen, die man sonst nur aus Tempeln oder Kirchen kennt. Sie sind hier aber ganz und gar nicht fehl am Platz, denn sie huldigen der Schönheit der Natur und setzen ihr ein ewiges Denkmal.

Aber natürlich hat jeder Garten auch noch ein anderes Ziel: den Anbau von Nahrung. Was in Europa so streng getrennt ist, geht im Orient zusammen: Hier wachsen Rosen neben Granatäpfeln und Mispel, Oleander neben Olive, Lavendel, Salbei und Minze zwischen Geranien – und das alles zusammen ergibt einen einzigen Rausch.

Adresse Der Orientalische Garten, Gärten der Welt, 12685 Berlin-Marzahn | Architekt Kamel Louafi, Prof. Mohammed El Fai'z | Baujahr 2005 und 2007 | Heute Parkanlage | Bahnhof U Kienberg

39 Die Gaststätte

Die fünf Magistratsbusen

Berlin wird rausgeputzt. Ost und West versuchen, sich für die anstehende 750-Jahr-Feier mit neuer Stadtraumgestaltung zu übertrumpfen. In Mitte wird das Nikolaiviertel nachgebaut. Architekt Günther Stahn stellt eine kleine Altstadt mit historischen Gassen, Alt-Berliner Gaststätten und mächtigen Statuen zusammen. Alles aus Platten zusammengesetzt. Doch am Rand der nachgebauten historischen Erker- und Giebelbauten erhebt sich an der Ecke etwas, das die Besucher mit Wucht wieder aus dem Mittelalter mit seinen Kopfsteinpflastergassen zurückholt. Es bildet sozusagen die Brücke von der Insel zum Festland – wieder zurück in die sozialistische Hauptstadt.

Das Schwalbennest heißt die neue zweigeschossige Gaststätte, und sie ist so etwas wie die futuristische Antwort auf die historischen Erker in seinem Rücken: Mit verspiegelten Fenstern in den halbrunden Aluminium-Erkern, die aus der ebenfalls mit Aluminium verkleideten Fassade herausragen, sorgt es für Aufregung am Rand der kleinen Gassen. Auch heute noch.

Dort in den Fenstern sollten damals die geladenen Gäste und hohen Berlin-Besucher sitzen und von der historischen Keimzelle der Stadt aus auf die Vision der Gegenwart blicken: das Karl-Marx-Zentrum. Der groß angelegte Platz mit der Statue der Gründungsväter war eingerahmt vom Palast der Republik auf der einen und dem Fernsehturm auf der anderen Seite.

Wegen der Nachbarschaft zum Roten Rathaus kurzerhand Magistratsbusen getauft, wird das Schwalbennest schnell zum Liebling am Alexanderplatz. Zwischengenutzt für Partys nach der Wende und nach der Sanierung wieder als Restaurant eröffnet, ist es immer noch das, was es einmal war: der Beweis dafür, dass in Berlin alles möglich ist, und zwar direkt nebeneinander.

Adresse Das Schwalbennest, Rathausstraße 23, 10178 Berlin-Mitte | Architekt Günther Stahn | Baujahr 1987 | Heute Restaurant | Bahnhof Alexanderplatz

40_Das Gericht

Aus einem Guss

Dies ist ein altehrwürdiges Gebäude, hier wird Tag für Tag gekämpft für Gerechtigkeit und Gleichheit. Die Halle, die wie jede Gerichtshalle den nötigen Respekt einflößen soll, ist gewaltig. Der Leuchter, der von der Decke hängt, ist so groß wie ein Kleiderschrank. Die Säulen, die das Gewölbe tragen, sind endlos und kunstvoll aus grauem und rotem Stein geschichtet. So viel zur Würde. Denn dann geht es los. Alles andere ist lieblich und verspielt und geradezu auf eine groteske Art und Weise übertrieben, als handle es sich hier um ein Lustschloss und nicht um das oberste Gericht des Landes.

»Stilmix« heißt es im Denkmalverzeichnis. Und das drückt genau die Sprachlosigkeit aus, die einen befällt, wenn man das, was sich in dieser Halle abspielt, in Worte fassen soll. Es gibt keine Säule, kein Geländer und keine Tür, die nicht mit Schnörkeln ausgeschmückt ist. Alles ist muschelförmig, schneckig oder anderswie organisch behängt. Jugendstil, denkt man – aber dann ist auch das viel zu wenig. Und jedes kleine Fensterchen, jeder Schnörkelkranz und jede gewundene Spur an der Decke lassen das Erwartbare noch mal weit hinter sich zurück.

An allen Kanten und Übergängen kräuseln sich weiße Bänder, die an den Zuckergusskranz auf einem Lebkuchenherz erinnern. Und die beiden Heizkörper vor den Treppenaufgängen krönen dieses Zuckerschloss. Aus den Schächten, die die ganze Halle beheizen, sind zwei übergroße Törtchen geworden, grün mit schmiedeeisernen Gittern zwar, aber mit einer unglaublichen Zuckerguss-Haube, von welcher der weiße Zucker sogar herunterfließt.

Der Bezug zum Gericht wird vollkommen ausgespart. Das irritiert auf jedem Absatz wieder aufs Neue – und fasziniert gleichermaßen.

Adresse Amtsgericht Mitte, Littenstraße 12 – 17, 10179 Berlin-Mitte | Architekt Otto Schmalz | Baujahr 1896 – 1904 | Heute Amtsgericht Mitte und Landesgericht Berlin | Bahnhof U Klosterstraße

41 Der Gewerbehof

Mut statt Protz

Jeder kennt die Ritterstraße. Sie ist das Zentrum des Rollkutscherviertels. Und das heißt so, weil von hier die Kutschen losrollen. Ununterbrochen. Mitte des 19. Jahrhunderts siedelten sich hier die ersten Handwerksbetriebe an, und schon bald geht die Ware in die ganze Welt: Möbel, Lampen, Schnitzereien – die schönen Dinge aus der Ritterstraße boomen. Die Fassaden der Gewerbehöfe werden ausgeschmückt, die ersten Schaufenster eingebaut, und ausländische Firmen siedeln sich in der »Goldenen Meile« des sogenannten Exportviertels an.

Das Pelikan-Haus mit seiner fast vollständig verglasten Fassade erzählt noch heute von dieser Zeit des Aufschwungs. Neben den würdevollen Sandsteinsäulen dieses Platzhirsches hier ist noch ein weiterer Hof aus der Gründerzeit stehen geblieben: der Ritterhof. Und seine Fassade lässt einen nicht mehr los: Die in allen Farben schimmernden Glasurklinker gibt es so kein zweites Mal in der Stadt. Die Fenster mit den weißen Rahmen muten englisch viktorianisch an, die kleinen Tier-Figuren zwischen den Klinkersteinen wirken verspielt und ohne Ordnung, daneben vereinzelte Jugendstil-Elemente. Alles wirkt wie ein Ausprobieren von möglichen Verzierungen.

In der Denkmal-Beschreibung von Berlin steht beim Ritterhof vermerkt: »Die Fassade entzieht sich stilistischen Zuordnungen.« Aber das ist es, was ihn so interessant macht. Es ist eine spielerische Erzählweise, eine, die sich nicht festlegen will und eigensinnig bleibt. Sandsteinsäule kann jeder, scheint sie zu sagen: Mut statt Protz! Und damit hat sie auch ein bisschen recht. Das ist es nämlich auch, was man den Bauherren heute zurufen möchte, die hier die Baulücken in der Ritterstraße füllen.

Adresse Der Ritterhof, Ritterstraße 11, 10969 Berlin-Kreuzberg | Architekt Schilbach & Schweitzer | Baujahr 1905 – 06 | Heute Ritter Café, Gewerbehöfe | Bahnhof U Moritzplatz

MCMVI

42 Das Glasfenster

Trotz alledem!

Die Sonne lässt die Farben knallen. Bunt strahlt er hinein in die große Halle des ehemaligen Staatsratsgebäudes, der ewige Traum von einer besseren Welt. Ganz unten im Erdgeschoss fliegen die weißen Tauben vor blauem Himmel – der Frieden ist die Grundlage für die neue Gesellschaft. Die Revolution hat gesiegt. Darüber, zwischen Erdgeschoss und erstem Stock, stehen die Soldaten, sie kehren heim zu ihren Familien, der Krieg ist vorbei. Noch ein Stückchen höher folgt der Wiederaufbau, die Menschen erheben sich aus den Trümmern. Ganz oben vor dem zweiten Stock dann strahlt wie eine Verheißung in übergroß das Sinnbild von Frieden und Glück – die Familie. Das neue Leben.

Das Fensterbild von Walter Womacka, der nahezu alle großen Wandbilder in Ostberlin erschuf, ist ein Mosaik von Glas auf Glas. Durch Umrandungen der Flächen aus schwarzem Glas wirken die Figuren stark und präzise.

Ein weiteres Fenster aus Milchglas hinter dem Fensterbild streut das Sonnenlicht auf die gesamte Fläche und lässt alles ebenmäßig leuchten. Und nicht nur die paradiesische Szene von den tanzenden Mädchen, sondern das ganze mächtige sakrale Fensterbild verleiht dieser Eingangshalle des Ministeriumsgebäudes etwas Andachtsvolles, ja Feierliches.

Doch dann holt einen das »Trotz alledem!« wieder zurück. Es ist der Titel eines alten Revolutionsliedes von 1848, es ruft auf zum Kampf für Freiheit und Gerechtigkeit. Und auch wenn die sozialistische Symbolik uns heute überholt scheint, der Traum ist ja irgendwie immer noch da: »Ob Armut euer Los auch sei / Hebt hoch die Stirn, trotz alledem! … Trotz nieder Plack und alledem / Der Rang ist das Gepräge nur / Der Mann das Gold trotz alledem!«

Adresse Das Glasfenster im ehem. Staatsratsgebäude, Schloßplatz 10, 10178 Berlin-Mitte | **Künstler** Walter Womacka | **Baujahr** 1962 – 1964 | **Heute** Wirtschaftsschule ESMT, Führungen möglich | **Bahnhof** Alexanderplatz

TROTZ ALLEDEM!

43_Das Haus der Statistik

Allesandersplatz

Der Dampf der Kaffeetasse zieht noch immer über die verwaschenen Betonplatten. Doch drum herum ist das Haus der Statistik kaum noch da. Der große Plattenbau, der sich über acht Blöcke auf 45.000 Quadratmeter erstreckt, ist nur noch ein hohles Stahlgerippe. Die Abrissarbeiten sind noch immer im Gange, das Geräusch von Bohrer auf Stein ist hier an der großen Kreuzung am Alexanderplatz zum Normalzustand geworden. Aber es ist auch eine Zukunftsmelodie, eine verheißungsvolle. Denn schon bald kommt der Moment, wo das Alte zu Ende ist und das Neue beginnt. Der Moment, den die Schrift oben auf dem Haus schon seit einiger Zeit verkündet: Allesandersplatz.

Es begann 2015, als eine Initiative von Berliner Künstlern ein Schild an dem leer stehenden Haus anbrachte, das aussah wie ein Bauschild: »Hier entstehen für Berlin Räume für Kunst, Kultur und Soziales.« Das brachte einen Stein ins Rollen. Initiativen schlossen sich zusammen, um den geplanten Abriss der Ruine zu verhindern. Aus den Aktivisten der ersten Stunden sind inzwischen die Planer für ein neues Quartier geworden. Sie arbeiten mit Beamten, Planern und Architekten zusammen, haben Nutzungs- und Finanzierungskonzepte erstellt – und ein einmaliges Modellprojekt auf die Beine gestellt, in welchem die Bewohner ihre Stadt weiterdenken. Die Gruppe der Planer ist vielfältig und offen, die Sitzungen sind öffentlich. Der Bebauungsplan steht inzwischen auch schon. Ein Rathaus der Zukunft wird das Zentrum dieses neuen Viertels sein, Neubauten mit günstigen Wohnungen, Ateliers und Büros werden entstehen, Höfe zur gemeinschaftlichen Nutzung sowie Kitas und Experimentierhäuser.

Das macht Hoffnung, nicht nur für den Alexanderplatz.

Adresse Haus der Statistik, Otto-Braun-Straße 70 – 72, 10178 Berlin-Mitte | **Architekt** Manfred Hörner, Peter Senf, Joachim Härter | **Baujahr** 1968 – 70 | **Heute** Leerstand seit 2008 | **Bahnhof** Alexanderplatz

ALLESANDERSPLATZ

44 Das Haus der Zukünfte

Wie wollen wir leben?

Die Wolken leuchten aus dem leicht metallisch schimmernden Blau des Himmels. Man braucht eine Weile, um die Fassade zu verstehen: Es ist eine changierende Hülle aus Gussglas, und hinter dem Glas sitzen verschieden angeordnete Reflektoren aus poliertem Edelstahl, die das sich ständig verändernde Licht und Farbspiel des Himmels auffangen und wiedergeben. Das Gebäude ragt in einer ausladenden Schräge weit über das Fundament hervor, so als möchte es den Vorübergehenden an die Hand nehmen, ihn hineinführen in sein Inneres und ihn einladen mitzumachen.

Denn das Futurium ist vor allem dies: eine Einladung, oder auch eine Aufforderung an alle, sich mit der Zukunft zu beschäftigen. Und deshalb ist die Grenze zwischen dem Drinnen und dem Draußen auch voller Übergänge. Denn ein Haus der Zukunft ohne die Beteiligung der Menschen wäre eine sinnlose Vorstellung. Die Menschen sollen sich hier informieren können über die technischen und wissenschaftlichen Entwicklungen, sie sollen Anteil nehmen an den Visionen, und sie sollen partizipieren. Themen sind unter anderem Energie, Ernährung und Medizin – die großen Themen also, die wichtigen.

Aber das Haus der Zukünfte will auch Vorbild sein. Es entspricht dem Standard eines Niedrigst-Energiehauses. Auf dem Dach reihen sich die solaren Energiekollektoren für Fotovoltaik (Strom) und die für Solarthermie (Wärme) – und decken so große Teile des Energiebedarfs ab. Auch das Regenwasser wird hier oben in einem Trichter aufgefangen und für die Gebäudekühlung genutzt.

Die Hülle stimmt schon mal – jetzt muss sie noch gefüllt werden, damit aus der Vision ein Appell wird, der den Bundestag am anderen Spreeufer erreicht und nicht lockerlässt.

Adresse Futurium, Alexanderufer 2, 10117 Berlin-Mitte | Architekt Richter und Musikowski | Baujahr 2019 | Heute Museum | Bahnhof Hauptbahnhof

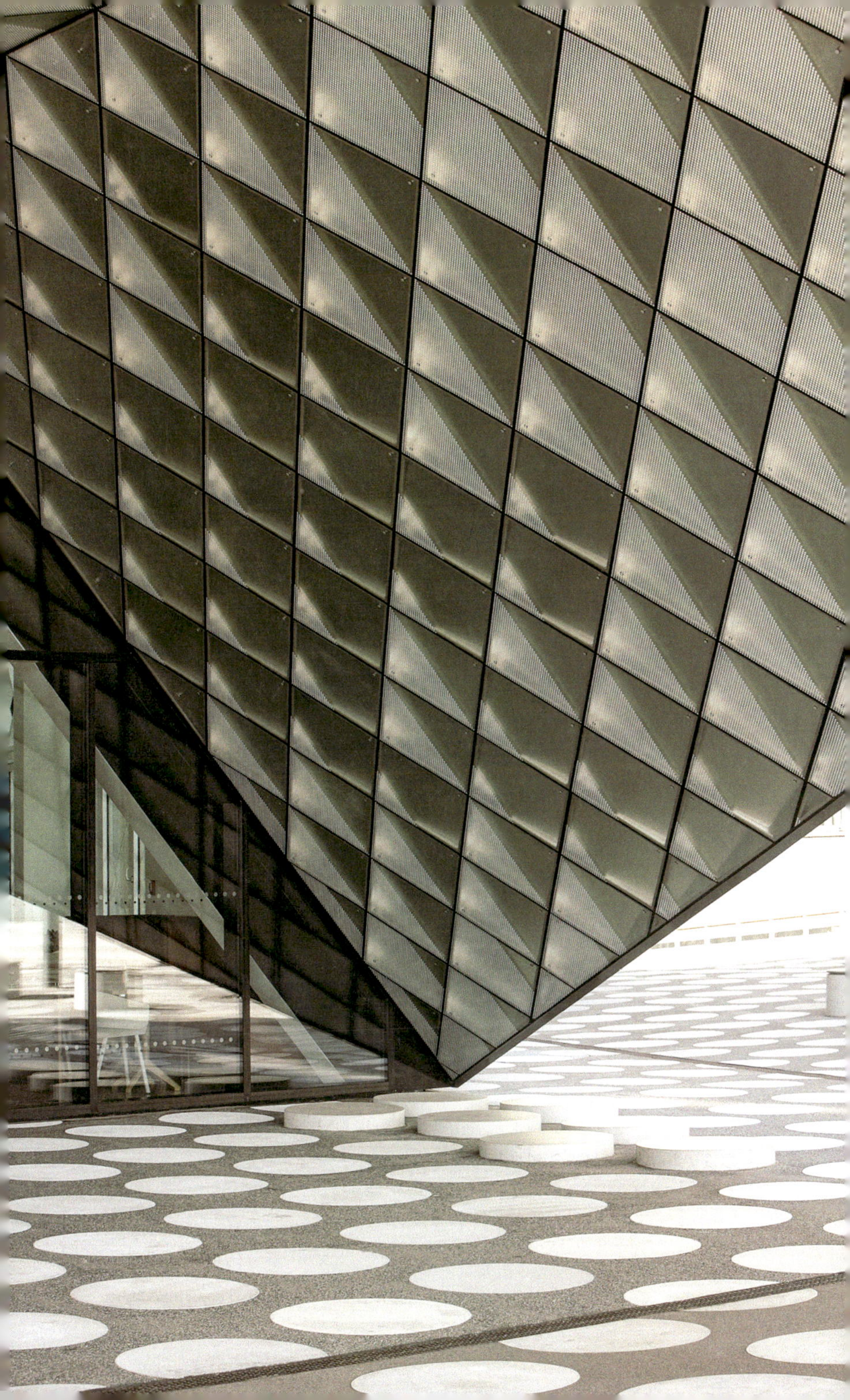

45 Das Haus über dem Bunker

Zeiten überwinden

Berlin rast, und man kommt nicht hinterher. Die Stadt verändert sich manchmal so schnell, dass man gar nicht mitbekommen hat, dass dort, wo plötzlich ein neues Haus steht, vorher ein anderes abgerissen wurde. Und so kommt es, dass die Visionen verschiedener Epochen nebeneinander existieren, sich voneinander abgrenzen, aber auch gegenseitig stützen. So wie hier in der Schöneberger Pallasstraße. Der Hochbunker sollte 1973 dem neuen Großprojekt gegen die Wohnungsnot von Westberlin weichen. Aber es stellte sich heraus: Der vierstöckige Bunker konnte nicht so einfach gesprengt werden – die umliegenden Häuser standen zu dicht. So blieb er stehen, und der Architekt Jürgen Sawade baute das neue Haus, einen Block mit 514 Wohnungen für über 2.000 Menschen, einfach darüber. So stülpt sich hier eine neue Zeit über eine vergangene Zeit.

Der Bunker erinnert auch heute noch an den Zweiten Weltkrieg, er ist inzwischen zu einem Ort geworden, an welchem Führungen, Ausstellungen und Veranstaltungen über seine Geschichte stattfinden.

Aber auch der lange, zwölfgeschossige Riegel darüber hat sich nach bester Berliner Manier weiterentwickelt, oder besser gesagt: einmal um 180 Grad gewendet. Der viel gelobte Wohnblock aus den 1970er Jahren entwickelte sich in den 1990er Jahren zu einem sozialen Brennpunkt, er geriet derart in Verruf, dass zeitweise bis zu 140 Wohnungen leer standen. Und heute? Er hat nicht nur seinen Namen geändert – von einem abschätzigen »Sozialpalast« in ein stolzes »Pallasseum« –, sondern zählt nun zu einem beliebten, nachbarschaftlich gut funktionierenden, urban anmutenden sozialen Wohnungsbau.

Adresse Pallasseum, Pallasstraße 3, 10781 Berlin-Schöneberg | Architekt Jürgen Sawade | Baujahr 1973–76 | Heute Wohnhaus | Bahnhof U Kleistpark

YOU LIVE IN A GOLDEN CAGE

46 Die Hochbahn

Königin von Berlin

Sie ist wie eine Lebensader für die Stadt, das unaufhörliche Rattern der U-Bahn ist ihr Pulsieren, und ihr lang anhaltendes Quietschen in der großen Kurve kurz vor der Brücke ist zu einem Sehnsuchtsgeräusch geworden. Jeder kennt das Quietschen. Das Quietschen und das Rattern überstehen die Zeiten. Es begann damals, als Berlin Weltstadt wurde. Es galt als eine beinahe unmögliche Ingenieursleistung, eine Bahn über ein Viadukt fahren zu lassen. Werner von Siemens legte schon 1880 erste Pläne für eine elektrifizierte Hochbahn vor, noch vor Inbetriebnahme der ersten Straßenbahn der Welt – jedoch ohne Erfolg. Vor allem sein Vorstoß, eine Hochbahn über ihre geliebte Friedrichstraße zu bauen, entzürnte die Stadtväter. Dies galt als äußerst unästhetisch. Doch Werner von Siemens war so überzeugt von seiner Vision, dass er zwei weitere Entwürfe einreichte. Beide wurden abgelehnt. Erst vier Jahre nach seinem Tod wurde die erste Versuchsstrecke, eine östliche Ringverbindung, genehmigt. So entstand zwischen Nollendorfplatz und Warschauer Brücke ein Stück Weltstadt mit New Yorker Flair. Damit es auch den Berlinern gefiel – sie galten als etwas fortschrittsscheu –, sollten die schmucklosen Eisenfachwerkkonstruktionen in Richtung Zentrum mit eindrucksvollen und hübschen Bahnhöfen versehen werden.

Orangegelb schlängelt sich die U-Bahn heute auf der Höhe zwischen Hochparterre und erstem Stock durch die Baumkronen der Linden hindurch. Das Quietschen ist geblieben. Und wenn einem nach ein klein bisschen Größenwahn der Sinn steht, dann sollte man unter der Bahntrasse entlanglaufen, entlangtanzen – so wie Rio Reiser, der hier sein Video für »König von Deutschland« gedreht hat.

Adresse Das Hochbahnviadukt, vom Nollendorfplatz bis Warschauer Straße | **Architekt** Heinrich Schwieger, Alfred Grenander, Bruno Möhring, Cremer & Wolffenstein | **Baujahr** 1899 – 1902 | **Heute** U-Bahn-Linien U1 und U2

47 Das Hochhaus

Das himmelhohe H

Das neue Haus an der Potsdamer Straße, das in nur fünf Monaten fertig gebaut wurde, ist Stadtgespräch. Es ist elegant, vor allem aber ist es: hoch. Die Begeisterung ist groß: »Nun haben wir also richtig so etwas wie einen Wolkenkratzer in Berlin«, schreibt die Vossische Zeitung im Jahr 1930. Es geht um das neue Büro-und Geschäftshaus der Malzkaffee-Firma Kathreiner, von nun an das Kathreiner-Haus genannt. Es hat die Form von einem H. Die beiden äußeren Balken, sechsgeschossig, orientieren sich brav an der vorgeschriebenen Berliner Traufhöhe von 22 Metern, der Mittelbalken allerdings schießt in die doppelte Höhe: zwölfgeschossig, 46 Meter hoch.

Heute allerdings fällt nicht mehr unbedingt die Höhe ins Auge, sondern vielmehr seine Klarheit. Wenn sich ein Gebäude in dieser Stadt den Titel »Neue Sachlichkeit« redlich verdient hat, dann das Kathreiner-Haus. Der Architekt Bruno Paul hat auf zwei Dinge gesetzt: die Stein-Fassade, ein heller Travertin aus Thüringen, und die Fensterreihen, leicht abgesetzt mit einem durchlaufenden Sims aus etwas dunklerem, römischem Travertin. Aber die Fensterreihen haben eine Besonderheit, ja beinahe schon einen Witz, durch den die in einer Strenge grenzende Schmucklosigkeit aufgehoben wird: Die Fenster stehen horizontal.

Es sieht so aus, als ob die Standard-Fenster eines Hauses einfach auf die Seite gekippt wurden, um sich als Band besser aneinanderreihen zu können. Die Aufteilung der Fensterkreuze ist gleich geblieben, die größeren Scheiben, sonst unten im Fenster, befinden sich links, und das obere Ende mit den kleineren Scheiben ist nach rechts gekippt. Das einzige Schmuckelement übrigens, ein ganz und gar funktionales: eine Uhr.

Adresse Das Kathreiner Haus, Potsdamer Straße 186, 10783 Berlin-Schöneberg | Architekt Bruno Paul | Baujahr 1928 – 30 | Heute Verwaltungsgericht Berlin | Bahnhof Kleistpark

48 Das Hotel

Viva Las Vegas!

Am Ende der Sonnenallee liegt das Abseits. Hier am Neuköllner Schiffahrtskanal stehen nur noch die Philipp-Morris-Fabrik mit dem Marlboro-Mann und ein Stück weiter eine Müllkippe am Ufer. Dahinter kam früher nur noch die Mauer. Niemand verirrte sich hierher. Doch das schien dem gelernten Statiker Ekkehard Streletzki nichts auszumachen. Er reiste damals zu vielen Messen und Kongressen, und immer wenn er nach Berlin kam, waren die Hotels entweder alle voll oder viel zu teuer. Also kaufte er kurz nach der Maueröffnung das Neuköllner Randgrundstück und änderte das: Er ließ ein Hotel bauen, und zwar mit 1.125 Zimmern gleich das größte in Deutschland.

Er gliederte ein Kongresszentrum an und kurze Zeit später noch ein Showtheater. Ein Vier-Gänge-Menü für 3.000 Gäste? Kein Problem für das Estrel-Hotel. Irgendwo an einer dieser Ecken in Berlin, die es gar nicht wirklich gibt, wo Brache, Industrie und neue Containerbauten ein tristes Nichts bilden. Aber der Ort ist gut gewählt. Das Estrel ist sich schließlich selbst genug – und es gibt einen Gleisanschluss. Es fahren sogar Sonderzüge von den Fernbahnhöfen bis zum Hotel vor. Der abgeflachte riesenhafte Spiegelbau bricht alle Dimensionen. Wie aus dem Nichts heraus schieben sich die verschiedenen geometrischen Formen zu einem großen, glänzenden Riesenschiff zusammen – so wie die Hotels in Las Vegas oder Dubai irgendwo in der Wüste in den Himmel ragen. Und das funktioniert auch in Berlin. Die Menschen fahren in Bussen vor, essen, schlafen, gucken die Elvis-Show oder wahlweise Tina Turner – und reisen wieder ab. Ein Stück Las Vegas für Berlin. Die Idee ist so absurd, dass es einen gar nicht wundert, wie gut sie funktioniert.

Adresse Estrel Berlin, Sonnenallee 225, 12057 Berlin-Neukölln | Architekt Karl Waldemar Tilemann und Heiner Hennes | Baujahr 1994 | Heute Hotel, Congress Center und Showtheater | Bahnhof S Neukölln

ESTREL

49_Das Institut

Besser geht's nicht

Es ist ein riesenhafter Ozeandampfer, der auf große Fahrt geht. Steigt man die Rampe hinauf, verlässt man den festen Boden, die Schwere, die Unbeweglichkeit. Es ist ein Bauwerk, das nicht dafür gemacht ist, an Ort und Stelle zu verharren, sondern Geist und Materie bewegen möchte. Und was sonst sollte ein Forschungsinstitut vermitteln? Vielleicht noch dies: Nichts ist undenkbar. Alles muss versucht werden.

Der Schiffskörper ist rund und glatt. Die Brettschalung lässt an einigen Stellen die Holzmaserung erkennen. Und man stellt sich vor, dass die beiden Architekten, während sie die Bretter anlegten, alles Mögliche ausprobiert haben. Der Blick wandert an der Fassade hinauf, er bleibt nicht hängen, sondern er kann nicht anders: Er springt von jenem zarten Vorsprung zu diesem riesenhaften Schornstein, vom Bullauge auf der einen Seite zu dem Fensterschlitz auf der anderen Seite, und was ist das dort drüben? Eine Säule, die, zur Hälfte geöffnet, sich wie ein halber Grashalm nach oben zwirbelt. Sie allein scheint in der Durchfahrt das ganze schwere Gebäude zu tragen!

Es ist, als ob jede Rundung, jedes Türmchen und jeder Lichtschacht rufen: Es muss nicht immer steif und streng sein, kommt, versucht doch auch mal was!

Der Brutalismus ist hier ganz spielerisch und filigran – und überrascht hinter jeder Biegung mit einer neuen Extravaganz. Mit versteckten Farbflächen an den Decken, die man erst entdecken muss – die dann aber das Gebäude in seiner Gesamtheit aufblitzen lassen. Und ja, es gibt auch eine Schiffsbrücke. Und dass der Kursaal wie eine Raumschiffzentrale aussieht, wundert einen gar nicht mehr. Wir wollen mehr davon! Wir wollen Bewegung, Spaß und Eskapaden!

Adresse Institut für Hygiene und Umweltmedizin, Hindenburgdamm 27, 12203 Berlin-Lichterfelde | Architekt Hermann Fehling, Daniel Gogel | Baujahr 1971–74 | Heute Hörsäle, Labore, Bibliothek | Bahnhof Rathaus Steglitz

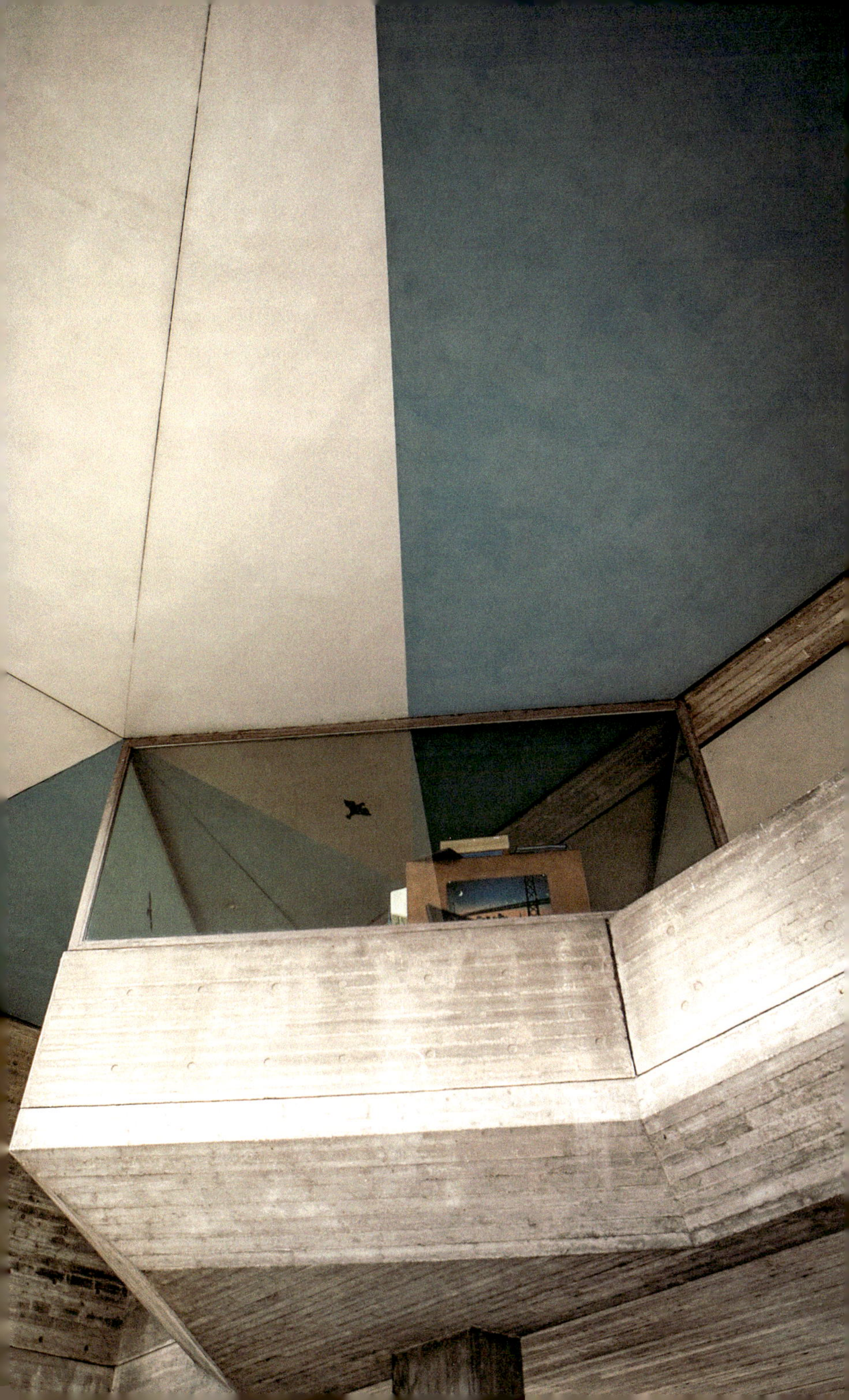

50_Der Kanal

Buddel-Peters Erbe

Er hat es schon früh erkannt: Der Mensch braucht Licht, Luft und etwas Grün. Nachdem der junge Hofgärtner die berühmten Schlossgärten von Sanssouci umgestaltet und den Tiergarten als großflächigen Volkspark angelegt hat, wird Peter Joseph Lenné nun also vom Kaiser beauftragt, für das rasant wachsende Berlin eine neue Wasserstraße zu planen. Diese soll die Spree als Transportweg entlasten und die Sumpflandschaft bei Köpenick trockenlegen.

Und wenn man heute dem gewundenen Band durch Berlin folgt, an dem sich die Weiden bis tief über das Wasser neigen, dann ahnt man, dass dieser schon zu Lebzeiten als Star gefeierte Landschaftsgestalter schon damals einer Vision folgte. Denn Lenné legte nicht nur den schnöden Verlauf einer Wasserstraße an, sondern Uferpromenaden, ließ Baumreihen pflanzen und Brücken entwerfen. Er gestaltete eine Stadt, die nicht nur dem Bestreben der Industrialisierung nach Wachstum und Gewinn gerecht werden sollte, sondern die sie vor allem für ihre Bewohner lebenswerter machte. Und zwar in der Zukunft. Denn von der Ausgrabung von Landwehrkanal, Luisenstädtischem Kanal und Engelbecken bekamen die Berliner damals kaum etwas mit. Bloß eine kleine Notiz in der Presse verkündete die Fertigstellung – die Bauwerke lagen damals noch außerhalb der Stadt, und das Interesse an ihnen war dementsprechend gering.

Heute ist Berlin im Vergleich zu anderen Großstädten eine grüne Stadt. Und das hat es vor allem diesem einen Mann zu verdanken. Dies wiederum ahnten die Berliner vielleicht auch schon damals, und wie allen verdienstvollen Menschen verliehen sie ihm einen Spitznamen und nannten den königlichen Hofgärtner wohlwollend ihren Buddel-Peter.

Adresse Der Landwehrkanal, Treptow, Neukölln, Kreuzberg, Tiergarten | **Architekt** Peter Joseph Lenné | **Baujahr** 1845 – 50 | **Heute** öffentlich zugänglich

51 Die Kapelle

Es muss nicht immer Kathedrale sein

Die gotischen Kathedralen mit ihren spitzbogigen Fenstern, die hinaufreichen bis in ein unendlich hohes Gewölbe, mit ihren Säulen und Türmen und Türmchen und den geometrischen Schmuckformen sind eine Überforderung. Man steht da, den Kopf in den Nacken gelegt, und versucht, das alles als ein Ganzes zu begreifen. Die Kapelle in Glienicke ist eine Kathedrale im Miniaturformat. Sie nimmt, so wie es Mode ist, die gotischen Formen wieder auf – aber ihr Turm überragt kaum den Giebel des Nachbarhauses. Sie passt hinein in die Reihe der Bäume hinter ihr, ohne das Maß zu sprengen. Sie bleibt erreichbar, ihre Dimension ist zugänglich. Sie nimmt sich zurück, ist aber gleichzeitig mit ihren Bögen und Formen ein Schmuckstück in sich.

Und sie zeigt, was Architektur kann: Sie kann unsere Vorstellungen sprengen. Eine Kapelle ist klein und unscheinbar, eine Kirche groß und mächtig. Das wird hier von Reinhold Persius vermischt, und es entsteht ein neues Format, eine Klein-Kirche. Sie steht eingereiht zwischen den Nachbarhäusern, nicht exponiert an einem zentralen Platz. Auch das macht die Kapelle aus. Denn man entdeckt sie ganz unerwartet, angelockt von den Orgelklängen, die hier durch die Straße tönen.

Nachdem Klein Glienicke nach dem Mauerbau zur sogenannten Sondersicherheitszone erklärt worden war, wurde nach der geglückten Flucht von Handwerkern das Portal in Türformat der kleinsten Backsteinkirche in Berlin zugesperrt und erst nach der Wiedervereinigung zum ersten Mal wieder geöffnet. Das Innere ist restauriert, die Orgel erneuert – es ist ein Gebäude, das, hat man es einmal entdeckt, die eigenen Dimensionen zurechtrückt: Es muss nicht immer Kathedrale sein!

Adresse Klein Glienicker Kapelle, Wilhelm-Leuschner-Straße 1, 14482 Potsdam | **Architekt** Reinhold Persius | **Baujahr** 1881 | **Heute** Kapelle | **Bahnhof** Bus 316 Schloss Glienicke

52 Das Kaufhaus

Hereinspaziert!

»Jonaß hilft« steht oben, und darunter: »Durch den Kaufschein.« Das Eckhaus an der großen Kreuzung ist eins der ältesten Kaufhäuser Berlins und das erste Kreditwarenhaus. Es ist ein Kaufhaus für kleine Leute, für die Menschen, die hier im Scheunenviertel leben. Mit dem Kaufschein kann man das ersehnte Produkt zu einem Viertel des Einkaufspreises erwerben – und zahlt dann den Rest in Raten.

Doch es ist nicht weniger pompös als ein Luxuskaufhaus. Ein wuchtiger Koloss mit einer Einkaufsfläche von 15.000 Quadratmetern. Es ist mächtig – und wirkt dennoch einladend. Der Trick der beiden Architekten: Die unteren beiden Geschosse aus Naturstein wirken wie ein Sockel, darüber wächst dann das eigentliche Haus über fünf weitere Geschosse in die Höhe. Der Sockel zieht sich wie ein Band um die Ecke. Die Ecke, die es gar nicht gibt! Denn die Architekten haben die Ecke gebrochen und zur Front erklärt. Der Haupteingang ruft es über die Kreuzung in Richtung Alexanderplatz allen Menschen zu: Hereinspaziert! Kommen Sie herein, ja Sie, genau Sie!

Die beiden Wölbungen von den Seiten zur abgeflachten Ecke hin verleihen dem ganzen Haus etwas Glamouröses, man könnte es für ein Varietétheater halten oder für eines der großen Kinos, die in diesen Jahren überall neu gebaut werden. In der Mitte zwischen den beiden Rundungen könnten große Plakate hängen und Neon-Schriften blinken. Aber prunkvoll ist nicht nur die Hülle, es gibt großzügige Aufenthaltsräume im Inneren, auch für die Angestellten – und, von ferne ja auch schon der eigentliche Blickfänger an dem Gebäude, eine große Dachterrasse mit Restaurant. Das Einkaufen ist ein Erlebnis – das man sich eigentlich gar nicht leisten kann.

Adresse Kaufhaus Jonaß, Torstraße 1, 10119 Berlin-Mitte | Architekt Georg Bauer und Siegfried Friedländer | Baujahr 1928 | Heute Soho House Berlin | Bahnhof U Rosa-Luxemburg-Platz

53 Das Kino

Aus dem Leben heutiger Menschen

Es schwebt wie ein übergroßer Guckkasten über dem Boden, und wäre man ein Riese, könnte man es hochheben und hineinsehen. Das Kino International ist nicht bloß ein Saal mit Leinwand – es ist ein Erlebnis, eine Reise in eine andere Zeit, als das Kino groß wurde und Ostberlin modern. Man betritt das Foyer unter dem ausladenden Vordach, Glühbirnen-Sterne glitzern von der Decke, und es wird einem unwillkürlich feierlich zumute. Es geht weiter, die Treppen führen nach oben in das Vestibül, in die Panoramabar. Hier ist alles weiträumig und großzügig – die Deckenhöhe, die ganzflächigen Fenster, die Glasperlen-Kronleuchter, der Blick nach draußen über die Karl-Marx-Straße sowieso. Es ist ein festlicher Raum, hier wurden und werden noch immer die Premieren gefeiert – und die Sessel und niedrigen Couchtische sind nach wie vor dieselben.

Und wenn sich dann der weißgoldene Vorhang im Saal zur Seite schiebt und das Licht unter den Wellen an der Decke langsam verdimmt, die letzten Schatten auf der Holzverkleidung verblassen, dann stimmt einfach alles, dann ist alles so, wie Kino sein muss.

Aber das International war mehr als nur ein Kino, es war ein Kulturort für alle. Es gab eine Bibliothek im Untergeschoss und einen Jugendclub im Obergeschoss, aber auch – nicht für alle – einen sogenannten Repräsentationsraum, in dem sich die Staats- und Parteiführung aufhalten konnte. Die achte Stuhlreihe, die mit dem besten Blick, war übrigens auch der Parteiführung vorbehalten und besaß eine besondere Beinfreiheit.

Auf den drei geschlossenen Seiten an der Außenwand ist ein Steinrelief angebracht mit dem wohl besten Untertitel für ein Kino überhaupt: »Aus dem Leben heutiger Menschen«.

Adresse Kino International, Karl-Marx-Allee 33, 10178 Berlin-Mitte | **Architekt** Josef Kaiser und Heinz Aust | **Baujahr** 1963 | **Heute** Premierenkino | **Bahnhof** Alexanderplatz

TERNATIO
TAKE CARE
OF EACH OTHER
STARTNEXT.COM/FORTSETZUNGFOLGT

3,70 €

54 Der Kiosk

Knallt!

Er ist der Magnet. Alle laufen darauf zu, sie können gar nicht anders, sind wie ferngesteuert. Schuld daran ist vielleicht die knallgelbe Farbe, die uns an die Zeiten erinnert, wo wir im Stadtbild nach Telefonzellen suchten, vielleicht aber auch die abgerundeten Ecken des Würfels, der hier im Hof über der Erde zu schweben scheint. Der sogenannte K67 ist ein Modularwerk des slowenischen Designers und Architekten Saša J. Mächtig. Er kann theoretisch in unendlich vielen Konfigurationen und Variationen zusammengesetzt und erweitert – und überall aufgestellt werden.

Dieser kleine Kiosk zeigt vor allem aber, dass es nicht die höchsten Häuser, die längsten Brücken oder die aufregendsten Dachterrassen sein müssen, die uns in einer Stadt ansprechen. Die Bauwerke auf Augenhöhe, die einen in den Straßen und auf den Plätzen leiten, die vollkommen funktional sind, dürfen auch markant sein.

Das kleine gelbe Ding ist wandelbar und kommt jeweils dort, wo es gebraucht wird, zum Einsatz. Das ist auch die Grundidee von Architekt Saša J. Mächtig. Er dachte seine Konstruktionen nicht als fertige Objekte, sondern als offene Systeme, die Weiterentwicklungen zulassen. 7.500 Einheiten von dem Kiosk wurden bis zum Jahr 1999 hergestellt und sind inzwischen nicht nur in Slowenien zu finden. Es ist ein schöner Gedanke, dass überall auf der Welt diese kleinen bunten Würfelhütten verteilt sind und den Menschen Zeitungen, Kaffee oder eine heiße Suppe aus ihrem Inneren gereicht wird.

Und wenn man alle ineinanderstecken würde? Was würde das wohl für ein Ding ergeben? Ein geniales, riesenhaftes, knallbuntes, vielleicht sogar mehrstöckiges 1960er-Jahre-Traum-Gebilde. Kult ist der K67 aber auch so schon, jede Box.

Adresse K67, Ritterstraße 9, 10969 Berlin-Kreuzberg | Architekt Saša J. Mächtig | Baujahr 1967 | Heute Kioski: Café, Snackbar | Bahnhof U Moritzplatz

kioski

55 Die Kirche

Ohne schwer kein leicht

Die klaren Linien erfordern die ganze Aufmerksamkeit. Und schon dieses Aufmerken auf dem freien Platz vor der Kirche erzeugt eine Ruhe. Das Gebilde scheint immer aufs Neue eine Verbindung zu schaffen zwischen schwer und leicht, zwischen unzerrüttbar und standfest und gleichzeitig losgelöst und schwerelos. Das Erste, woran man sich festhalten kann, sind die kleinen Kreuze. Sie sind in die Betonfassade eingelassen und nehmen dem großen, hellen Klotz seine Schwere. Und wenn sich dann an der Seite die Tür aus Lärchenholz öffnet, überkommt einen geradezu ein Gefühl von Leichtigkeit: Die Türöffnung ist elf Meter hoch, und man sieht durch sie hindurch hinein in den großen Raum bis zum Altar auf der anderen Seite. Diese unerwartet hohe Öffnung erhebt den Blick – und lenkt ihn weiter hin zur zweiten Hälfte des Gebäudes, ebenso ein Kubus aus Beton, allerdings vollkommen offen. Diese Großzügigkeit und Weite gleicht einer Kirchenkuppel, die aber nicht in unerreichbarer Höhe schwebt, sondern zur Erde geneigt ist, geerdet, aber körperlos.

Die dicken Betonwände zu beiden Seiten sind durchbrochen von längs und quer verlaufenden Öffnungen. Vor allem aber ist das Zusammenspiel den beiden Hauptakteuren hier zu verdanken: Der helle Beton und das nachdunkelnde Lärchenholz wechseln sich ab und ergänzen sich – ohne sich jemals die Show zu stehlen. Denn sie können hier nicht ohne den anderen sein. Und das ist eine Botschaft, die unmissverständlich übertragen wird und die spätestens dann klar wird, wenn man den Blick den frei stehenden Glockenturm hinaufwandern lässt: ein rechteckiger Betonpfeiler, der irgendwann vom Holz fortgeführt wird, dunkler zwar, aber dafür der Schwere entschwebend.

Adresse St. Canisius, Witzlebenstraße 30, 14057 Berlin-Charlottenburg | **Architekt** Heike Büttner | **Baujahr** 2000 – 02 | **Heute** Kirche | **Bahnhof** S Messe Nord / ICC

56 Das Kloster

Ein Fliesen-Schmuckstück

Dieses Eckhaus beweist, dass die meistens eher kunstlose und sehr schnell unbeliebte feinkeramische Fliese der 1950er Jahre auch aufregend sein kann. Johannes Jackel entwarf das Gebäude für den Jesuitenorden mit einer Kapelle, einem Wohnheim, mit Tagungsräumen und einem Laden nach vorne zur Straße. Und diese vielseitige Nutzung spiegelt auch das Äußere.

Das runde, überstehende Vordach des Ladens wird von Säulen getragen, die schwarz und gelb und grau gekachelt sind. Die großen Fenster über den schwarzen Rillen-Fliesen sind von einem goldenen Rahmen eingefasst, der das Fenster elegant und beinahe schwerelos um die Ecke führt. Ganz am Ende des Vordachs wartet eine kleine Überraschung: In der abschließenden Wand ist ein Fenster eingelassen, klein und trapezförmig, ein Guckloch in eine andere Zeit, eine Form, die in den 1950er Jahren schick und äußerst modern war und heute beinahe wieder ganz aus unseren Köpfen verschwunden ist.

Die Fassade des sechsgeschossigen Wohnhauses hinter der Ladenzeile ist weiß gefliest mit roten und gelben hervorstehenden eingefassten Farbflächen. Diese versetzten Farben streben nach oben und wirken dadurch fast wie ein Kirchturm, ein gefliester Kirchturm.

Die größte Perle am ganzen Gebäude aber ist die schwarze Säule, die am Ende des Ladenvorbaus unter dem Vordach steht und darüber als Hohlform der Säule, als Rundung in der Ecke also, im Haus weiterverläuft bis unter das Dach. Das ist zum einen einfallsreich und spielerisch und zum anderen eine großartige symbolische Verbindung zwischen dem öffentlichen Teil des Gebäudes vorne und dem unzugänglichen hinteren Flügel, wo sich die Brüder des Jesuitenordens zur Einkehr zurückzogen haben.

Adresse Ignatius-Haus, Neue Kantstraße 1, 14057 Berlin-Charlottenburg | Architekt Johannes Jackel | Baujahr 1955–56 | Heute Hotel | Bahnhof S Charlottenburg

57 Die Kolonnaden

Einladung zu einer Romanze

Berlin hat alles, will alles und kann alles. Was dabei manchmal etwas zu kurz kommt, ist das Innehalten, das Festhalten, oder eben ganz allgemein: das Halten. Die Gänge des Kolonnadenhofes auf der Museumsinsel sind eine Ausnahme. Hier wandelt man zwischen den alten Säulen, geschützt vor dem Außen und doch mit Blick über den Hof auf der einen Seite und über die Spree auf der anderen Seite. Hier ist die Museumsinsel richtig Insel, und etwas von dem weltstädtischen Flair des alten Berlins hängt noch immer zwischen den Säulen.

Der Wind fährt durch sie hindurch, es ist ein öffentlicher Raum, erfüllt von Luft und Licht, der einen aber gleichzeitig verborgen lässt und Intimität schenkt. Es ist eine Flucht vor dem ewigen Weiter der großen Stadt. Hier hält sie an, kommt zur Ruhe und lässt den Gedanken ihren freien Lauf.

Dieser freie Raum ist das Besondere und im ersten Moment auch Überraschende bei Kolonnaden. Schon in der Antike stellten diese Wandelgänge einen Schutzraum dar und gleichzeitig einen Übergang hin zu heiligen Orten wie Tempelanlagen. Eine Art Schleuse vom Profanen hin zum Höheren, zur Kunst – bis zum Göttlichen. Diese besondere Räumlichkeit spürt man auf der Museumsinsel besonders nachts, wenn die Decken mit ihren geometrischen Kassetten angestrahlt sind und das Schützende und Geschlossene besonders betont werden.

Es ist natürlich auch ein Ort, an dem es sich gut zu zweit eintauchen lässt, in eine längst vergangene Epoche, in der man sich die Zeit nahm, zu zweit im Abendlicht durch Wandelgänge zu schreiten und sich danach auf einer runden Parkbank sitzend die Hände zu reichen – und gemeinsam den Augenblick festzuhalten.

Adresse Kolonnadenhof der Museumsinsel, Bodestraße 1–3, 10178 Berlin-Mitte | Architekt Friedrich August Stüler | Baujahr 1841 und 1876–78 | Heute öffentlich, eingetragenes Gartendenkmal | Bahnhof S Hackescher Markt

58 Das Kranhaus

Kran dreht weiter

In anderen Städten würde er wohl kaum auffallen, unzählige seiner Art stehen dort an Ufern – in Berlin aber ist er der König, etwas verloren zwar inmitten der weitflächigen Industriebrache rundherum, aber weit und breit der einzige hier am Spreeknie. Der stationäre Ladekran erzählt von einer längst vergangenen Zeit, als sich hier noch einer der größten Industriestandorte Deutschlands befand und die AEG das KWO gründete, das Kabelwerk Oberspree. Doch ohne Werk kein Antrieb – und so sollte denn auch der Kran, der einst die Kohle vom Wasser aufs Land lud, mitsamt seinem Sockel abgerissen werden.

Aber er wurde gerettet. Sein neuer Eigentümer Sven Thomsen dachte die vier Etagen komplett neu – und heute erzählt der Kran inmitten der wild sprießenden Birken und Pappeln auch davon, wie dieser Stadtteil am Wasser langsam wieder zu neuem Leben erwacht.

Der von Wetter und Wasser dunkel gefärbte Ziegelstein ist von einem Stahlfachwerk eingefasst. Dazwischen sind zu beiden Seiten, zur Wasserseite und zur Landseite, große Fenster eingelassen. Der Zweckbau wirkt dadurch im Gegensatz zur üblichen Industriearchitektur offen und hell – und ein bisschen spiegelt das Haus auch den Kran auf seinem Dach wider, der das gleiche Licht und die gleichen Farben zwischen den Stahlstreben durchscheinen lässt wie die Fenster zwischen den Ziegeln unter ihm.

Im Café im Erdgeschoss treffen die Menschen aufeinander, die hier die Pioniere waren in den Ruinen der vergangenen Industrielandschaft. Sie haben sich als Künstler und als Studenten, als Unternehmer oder Schiffskapitäne die Orte am Wasser erobert und diese neu entwickelt.

Das Kranhaus ist ihr Mittelpunkt geworden.

Adresse Das Kranhaus, Paul-Tropp-Straße 11, 12459 Berlin-Oberschöneweide | Architekt Umbau Sven Thomsen | Baujahr 1967, umgebaut: 2003 | Heute Café und Wohnen | Bahnhof S Schöneweide

59 Das Krankenhaus

Das Betonwunder

Dort, ganz am Ende der Platanen-Allee, liegt der Beweis: Er kann mehr als bloß klotzen. Mit elegantem Schwung hebt er sich vom Rasen nach oben empor. Und darüber, vor der Fassade, da wird der graue und schwere Beton mit einem Mal verspielt. Wie aufgefädelte Wirbelknochen reiht er sich organisch und filigran vor dem Krankenhaus auf und versteckt so den enormen Kasten, der sich dahinter verbergen muss.

Und noch weiter oben, da kommt das für unmöglich geglaubte: Er, der Zentnerlastige und Unverwüstbare, scheint fast schwerelos auf dem Unterbau zu schweben. Wie zwei gespreizte Flügel liegen die beiden Bettenhäuser oben auf. Die Fenster klappen sich wie die Zellen einer Wabe nach innen und wieder nach außen und halten so dem Kranksein eine ordentliche Ladung Luft, Licht und Himmel entgegen.

Staunend stellt man fest, dass man ihn, dieses Element von Wucht und Stärke, unterschätzt hat. Jahrelang wurde schließlich auch laut gegen ihn gewettert: Beton sei deprimierend, Beton enge ein, Beton sei brutal. Fast alle Brutalismus-Bauten wurden in den 1980er Jahren als Bausünden geschmäht. Wie Fremdkörper würden sich die Beton-Monster in ihre Umgebung setzen, ohne Rücksicht und vor allem ohne jedes Einfühlungsvermögen.

Und das stimmt. Die Steglitzer Villen scheinen noch immer etwas verschnupft auf ihren großen grauen Nachbarn hochzublicken – doch andererseits: Was spricht dagegen, wenn ein Gebäude nicht vertuscht, was es ist: ein autarker Riese, der für das Wohl der Menschen da ist. Es geht hier nicht um Prestige oder Ansehen, hier geht es um Funktionalität und Forschung. Vor allem aber um Heilung. Diese Botschaft ist ungeschmückt und ehrlich. So wie er selbst, der Beton.

Adresse Universitätsklinikum Benjamin Franklin, Hindenburgdamm 30, 12203 Berlin-Lichterfelde | **Architekt** Umbau Architekturbüro Curtis & Davis, USA | **Baujahr** 1959–69 | **Heute** Krankenhaus, Hörsäle | **Bahnhof** Rathaus Steglitz

Erste Hilfe
Notaufnahme
Erste Hilfe
Notaufnahme

9
10

60 Das Krematorium

Umdenken im Oktogon

Kleine schwarze Steine auf weißem Hintergrund und weiße Steine auf Schwarz. Immer abwechselnd. Und mitten auf dem zweifarbigen Terrazzo-Boden befindet sich das einzige Schmuckelement in dieser achteckigen Trauerhalle: eine sich windende schwarze Schlange. Man steht nach dem Betreten unweigerlich direkt über ihr. Sie ist mit ihrer Häutung ein altes ägyptisches Symbol für Erneuerung und Wiedergeburt, ein Symbol der Hoffnung. Und sie erzählt viel über dieses Gebäude. Denn es sollte als Hülle dienen für eine ganz neue, freiheitliche Denk- und Lebensart.

Die Feuerbestattung galt als heidnisch und war irgendwann im Mittelalter von der Kirche verboten worden. Doch ein Verein von Freidenkern machte sich Ende des 19. Jahrhunderts für die Einäscherung stark. Seine Mitglieder deuteten diese Art der Bestattung als eine Form von Fortschritt vor allem hinsichtlich einer klareren Trennung zwischen Staat und Kirche, sahen aber auch eine hygienische Verbesserung in ihr.

Auf ihren Druck hin erteilte der Staat 1909 die Erlaubnis zum Bau einer konfessionslosen Trauerhalle im Wedding, und der Architekt William Müller entwarf dieses Oktogon. Eine Form, die sich auch in den antiken Tempeln findet. Man spürt, dass er auf der Suche war nach einer würdevollen Ausrichtung, die aber vor allem eins nicht sein wollte: eine Kirche oder Kapelle. Daher führen die schwarz-weißen geometrischen Formen auf dem Boden auch hin zur Mitte, kein Altar, kein Schmuck, das Zentrum liegt innen. Im Jahr 1911 wurde die Feuerbestattung wieder genehmigt – und ein Krematorium angebaut.

Heute wird die Halle als Ort für Kunst, Literatur und Musik genutzt – auch eine Form der weltlichen Verinnerlichung.

Adresse Ehemaliges Krematorium Wedding, Gerichtstraße 37 – 38, 13347 Berlin-Wedding | Architekt William Müller | Baujahr 1909 – 10 | Heute Silent green Kulturquartier | Bahnhof S Wedding

61 Der Kubus

Mehrdimensional

Die meisten Neubauten rund um den Hauptbahnhof sehen sich sehr ähnlich: Gerippe mit Glas. Sie wirken praktisch, aber kalt und statisch. Doch direkt vor dem Bahnhof bricht diese Einheitlichkeit auf. Es ist ein riesenhafter Würfel mit zwei Besonderheiten: Die Fassade spiegelt die Stadt – und sie hat etliche Falten und Knicke und spiegelt dadurch gleichzeitig und nebeneinander die Skyline von oben, den Himmel von unten, die Menschen vor sich auf dem Platz, das Regierungsviertel am anderen Ufer der Spree und den Hauptbahnhof.

So wandert man die Fassade entlang und versucht, den eigenen Kopf in die Perspektive des Bildes zu schieben, das man gerade betrachtet. Erstaunt bemerkt man, wie viel von Berlin von dieser einen Stelle aus zu sehen ist. Es ist nicht bloß der Platz vor dem Bahnhof – es ist ein Kaleidoskop mit unterschiedlichsten Berlin-Perspektiven, mit viel Himmel – und deshalb auch je nach Tageszeit und Wetter: immer anders.

Der Spiegelbau ist noch dazu ein Gebäude, das denken lernt. In dem Haus sind insgesamt fast 4.000 Sensoren eingebaut – und alle verfolgen das gleiche Ziel: größere Energieeffizienz. Das, was die Architekten stolz das *brain* nennen, also das Gehirn des Gebäudes, ist eine künstliche Intelligenz und merkt sich alle Anforderungen und Wünsche der einzelnen Nutzer sowie die Umweltfaktoren und Betriebsvorgaben – und passt sich ständig an und lernt dazu. Es heißt, es sei das schlaueste Gebäude in Europa.

Sowohl äußerlich als auch innerlich zeigt der *Cube*, was alles möglich ist, wenn man alte Strukturen überwindet, nicht eindimensional denkt, sondern auch mal einen Knick versucht und eine Falte schlägt. Dann nämlich wird man zum Vorreiter.

Adresse cube berlin, Washingtonplatz 3, 10557 Berlin-Moabit | Architekt Umbau 3XN | Baujahr 2017 – 20 | Heute Bürohaus, Erdgeschoss öffentlich | Bahnhof Hauptbahnhof

62 Das Künstlerhaus

Schutzburg

Wenn man vor dem schmiedeeisernen Tor steht und einen Blick auf den efeuberankten Innenhof erhascht, dann wird einem beinahe feierlich zumute. Die dicken Backsteinmauern rundherum sind wie eine Festung, sie wollen die störenden Einflüsse der Stadt abhalten. Im Inneren liegt ein Schutzraum. Für die Kunst. Und der Steinlöwe ist ihr Wächter. Ehrfürchtig blickt man die Fassade hoch – und staunt: Wie eine mittelalterliche Burg mit Erkern und Türmen, mit Reliefs und wappenverzierten Balkonen liegt das Künstlerhaus da. Im Haus selbst sind die Wände mit Gemälden und Skulpturen aus Italien prunkvoll geschmückt. Über dem Eingang thront der Namensgeber, der heilige Lukas, Schutzpatron der Künstler.

Das Künstlerhaus, das Bernhard Sehring in der Fasanenstraße baute, hatte vor allem ein Ziel: Es sollte bezahlbaren Wohn- und Arbeitsraum für Künstler schaffen. Es entstanden in dem dreigeschossigen Backsteinhaus Bildhauerstudios im Erdgeschoss und Malerateliers unter dem Dach. Zu den Künstlern, die hier einzogen, gehörten unter anderem der Bildhauer Max Kruse und seine Frau Käthe Kruse, der Bildhauer Ludwig Manzel, Ernst Barlach, Milly Steger und viele weitere.

Aber es wurde nicht nur gearbeitet in der Künstlerburg. In dem Saal mit dem großen Fenster wurde regelmäßig und ausgelassen gefeiert. Denn das Künstlerhaus lag mitten in Charlottenburg, dem neuen Zentrum der Berliner Boheme, wo sich Künstler, Literaten aber auch Sammler und Mäzene trafen und feierten. Das wirklich Besondere aber ist, dass das Künstlerhaus bis heute seiner Bestimmung treu geblieben ist. Künstler leben und arbeiten noch immer hier neben den Gleisen der S-Bahn und erhalten so das Erbe vom heiligen Lukas.

Adresse Künstlerhaus St. Lukas, Fasanenstraße 13, 10623 Berlin-Charlottenburg | Architekt Bernhard Sehring | Baujahr 1889–90 | Heute Künstlerhaus | Bahnhof Zoologischer Garten

13
FS 13
HEESCH
G.G. Production

63 Das Laboratorium

Der Mäusebunker und wir

Es bröckelt. Es moost. Es tropft. Der Beton ist dunkel und feucht, die blauen Rohre ragen aus dem düsteren Koloss heraus wie überlange Kanonenrohre. Ein kleiner Junge fährt auf seinem Roller vorbei. Am Tor erklärt er seiner Großmutter: »Das ist ein Kampfschiff.« Es brummt. Es raucht. Etwas ist im Gange in seinem Inneren, aber dieses Gebäude zeigt mit jedem stachelähnlichen Spitzdach über den Fenstern und mit jeder Betonplatte, dass es nicht möchte, dass davon etwas nach außen dringt. Und genauso unheimlich wie sein äußeres Erscheinen ist auch das Innere: Dieser pyramidenförmige Koloss wurde einzig und allein für einen Zweck gebaut: medizinische Tierversuche.

Der Mäusebunker ist vielleicht nicht unbedingt eines der schönsten Bauwerke dieser Stadt, aber es ist mit Sicherheit eines der imposantesten. Und es zeigt, dass in einer nicht allzu fernen Vergangenheit ganz und gar anders gebaut wurde: nicht gefällig oder wie bei Wissenschaftsbauten heute üblich rein funktional, sondern experimentell, spielerisch und auch kämpferisch, ja fast schon provokativ. Muss denn immer alles hübsch sein, hell und freundlich? Die weite Spannbreite, das von … bis … ist es doch, was eine Stadt ausmacht. Kein Gebäude steht für sich allein.

Denkmalschutz oder Abriss – die Zukunft des Mäusebunkers ist noch nicht geklärt. Was bisher noch fehlt, ist eine Idee, um es zu retten. Ungeachtet der neuen Nutzung aber steht das ehemalige Tierlaboratorium bereits für zwei Dinge:

Zum einen ist es ein Mahnmal gegen Tierversuche und zum anderen eine Aufforderung für mehr Experimente beim Bauen, gegen die dominierende Einheitsarchitektur, die nichts wagt, nichts versucht und auch nie aneckt.

Adresse Forschungseinrichtung für experimentelle Medizin, Hindenburgdamm 26, 12203 Berlin-Lichterfelde | Architekt Gerd Hänska | Baujahr 1971 – 1975 und 1978 – 1981 | Heute nicht öffentlich zugänglich

64_Die Ladenstraße

Das erste Einkaufszentrum der Stadt

Die neue Waldsiedlung am Stadtrand bringt ein Problem mit sich: Die Menschen in den knapp 2.000 neuen Wohneinheiten müssen irgendwie versorgt werden. Zuerst übernehmen dies die fahrenden Händler, als dann aber 1929 die U-Bahn gebaut werden soll, präsentiert der Architekt Otto Rudolf Salvisberg eine gänzlich neuartige Idee: Der U-Bahnhof Onkel-Toms-Hütte soll nicht nur Knotenpunkt für die Anbindung an die Stadt sein, er soll selbst ein Dreh- und Angelpunkt werden, eine Art moderner und großstädtischer Dorfplatz.

Und das kommt gut an – denn es gibt alles, was man braucht: vom Bäcker bis zum Fleischer, vom Blumenladen bis zum Zeitungskiosk und sogar ein Kino. Das Onkel-Tom-Kino gibt es heute nicht mehr, aber die Atmosphäre ist bis heute erhalten. Wenn man den U-Bahnhof betritt, dann gibt es drei Möglichkeiten: In der Mitte geht es über Treppen wie gewohnt auf den Bahnsteig hinunter, rechts und links davon führt ein Weg ebenso abwärts, verläuft neben dem Bahnsteig, beinahe auf gleicher Höhe, und steigt dann langsam wieder an. An der einen Seite säumen die Geschäfte diese Unterführung, auf der anderen Seite trennt nur ein Gitterzaun die Ladenstraße von den U-Bahn-Gleisen. Das alles funktioniert aber nur, weil es nicht dunkel ist und eng wie in einer Unterführung, sondern im Gegenteil: Über dem Bahnsteig scheint das Tageslicht durch ein spitz zulaufendes Oberlicht. Und dieses Licht verbindet den Bahnhof und die beiden Gänge, sie werden zu einer offenen Einheit, einem parallelen Dreigestirn.

Man hält sich gern auf – und das ist ein wichtiger Aspekt für einen Dorfplatz: Nicht nur das Angebot muss stimmen, es muss ein Ort sein, an dem man gern verweilt und sich begegnen kann.

Adresse Onkel Toms Ladenstraße, Ladenstraße, 14169 Berlin-Zehlendorf | Architekt Otto Rudolf Salvisberg | Baujahr 1931 – 32 | Heute Ladenstraße | Bahnhof U Onkel-Toms-Hütte

Linie
Ziel
Abfahrt
U3
Gleis1
ELEKTRO

65 Die Laternen

Vom Versuch einer Vereinheitlichung

Die Straßenlaternen sind die einzig wahren Zeitzeugen in Berlin. Sie erzählen von ihrem Standpunkt aus, nämlich vom Straßenrand, wie sich diese Stadt immer wieder verändert hat. Und wie sie selbst entweder als prunkvolle Vierarm-Kandelaber aus Kaiserzeiten oder als schlichte Hütchen-Gaslaternen oder als Ostberlins Schmuck-Laternen auf der Karl-Marx-Allee oder eben als Albert Speers Kandelaber herhalten mussten. Sie wurden nämlich immer wieder aufgestellt, um eine Einheit herzustellen, einen Rahmen zu schaffen für ihre Zeit und die jeweilige Vision für diese Stadt, in der ja ansonsten immer alles auseinanderzudriften droht.

Albert Speer plante für Adolf Hitler eine Hauptstadt in einer schonungslosen Dimension. Doch wenn man einmal Größenwahn und Unmenschlichkeit dieses Plans außer Acht lässt, dann haben diese über 800 Kandelaber, welche die Ost-West-Achse durch Berlin nachts beleuchten, eine sehr verdienstvolle Aufgabe. Denn die Achse ist ein Phänomen. Sie bringt das Außen der Stadt und das Zentrum in eine Schein-Nähe zueinander. Man fühlt sich schon beinahe kurz vor der Siegessäule, wenn man gerade erst in der Mitte des Kaiserdamms steht.

Die Kandelaber sind zweiarmig, schlicht und dunkelgrau, fast schwarz. Das Dunkle umfasst als Rahmen die beiden runden Leuchtkörper, die länglich nach oben stehen und dort mit einer halbrunden Kappe abgeschlossen sind. In ihrer klaren Form stehen sie dicht an dicht und säumen so die halbe Stadt auf beiden Straßenseiten. Sie stellen eine Verbindung her. Doch der Versuch einer Vereinheitlichung ist auch dieses Mal zum Glück wieder einmal misslungen. Berlin ist eine wild durcheinandergeworfene Spielesammlung. Und so muss es bleiben.

Adresse Kandelaber, Kaiserdamm, Straße des 17. Juni, Charlottenburg und Tiergarten | Architekt Albert Speer | Baujahr 1938 | Heute Straßenlaternen | Bahnhof U Ernst-Reuter-Platz unter anderem

66 Der Lichthof

Neue Verhältnisse

Es ist einer der mächtigsten Industriebauten der Stadt mit einem noch mächtigeren Turm. Und wenn man durch die ebenso mächtige Eingangstür hindurchgeht, die imposanten Lampen über sich und der Blick auf den Innenhof, der die ganze Dimension des früheren Automobilwerks erahnen lässt – dann ist man umso überraschter, wenn man über den Hauseingang die Treppe hinaufsteigt, auf einen Säulengang zu und mit einem Mal, wenn man oben angekommen ist, in einem filigranen Lichthof steht.

Die Arkaden und Bögen erinnern an ein italienisches Theater der Renaissance, allerdings ganz und gar schmucklos und nüchtern. Der helle Stein am Boden und die weißen Wände blenden das Licht, das durch die Decke fällt, wieder zurück und lassen alles vollkommen unwirklich erscheinen. Es ist ein Ort wie aus einem Traum, man kommt sich etwas verloren vor, denn man kann die Räumlichkeit nicht fassen. Sie verändert sich auch ständig. Strahlt die Sonne hinein, wirken die Galerien wie schwarze Löcher, wie ein Scherenschnitt ohne Körper, wie ein Architekturmodell, und zwar in einer Kontraststärke, die man sonst nur mit einem starkem Fotofilter hinbekommt. Und schiebt sich eine Wolke vor die Sonne, dann wirkt alles plötzlich matt und beinahe fließend, die Gegensätze zerrinnen und laufen ineinander.

Aber Peter Behrens löste nicht nur die räumlichen Verhältnisse auf. Es gab noch eine weitere Dimension, denn sowohl die Generaldirektoren als auch die Arbeiter betraten das Werk durch diesen Lichthof. Die Türen auf der einen Seite führten in die Büros, auf der anderen Seite ging es direkt zur Produktion. Das sollte einen ganz neuen Gemeinsinn herbeiführen. Aber auch das sollte wohl bloß ein Traum bleiben.

Adresse Lichthof im Peter-Behrens-Haus, Ostendstraße 1, 12459 Berlin-Oberschöneweide | Architekt Peter Behrens | Baujahr 1916 – 17 | Heute Gewerbe, Hochschule | Bahnhof S Schöneweide

67 Die Lüftungsschächte

Die Totempfähle von Siemensstadt

Sie sind helllila, türkis und ockerfarben. Genauso unkenntlich wie die über die Jahre verblassten Farben scheint ihre Funktion. Aber sie sind nicht zu übersehen. Die sechs Meter hohen Betonpfähle ragen aus der ansonsten undefinierten Oberfläche oberhalb des U-Bahnhofs Siemensdamm wahllos irgendwo zwischen Parkplatz, Supermarktvorplatz und Straßenkreuzung hervor, und nichts an ihrer ganzen Pop-Art-Totempfahl-Optik aus indianisch anmutenden Formen verrät, was sie wirklich sind: die Luftfiltertürme einer unterirdischen Bunkeranlage. Kaum einer kennt diese sogenannte Mehrzweckanlage im Untergrund. Im Ernstfall hätten hier bis zu 4.500 Personen versorgt werden können. In einem Bunker ist alles bestimmt, jeder Quadratmeter ist genutzt, damit möglichst viele Menschen auf engstem Raum schlafen, essen, sich waschen, kurz: überleben können. Es war mitten im Kalten Krieg, ein Atomkrieg war nicht ausgeschlossen – es ist vor diesem Hintergrund ein imponierendes Zeichen, dass die Betonsäulen für die Luftzufuhr von Rainer Rümmler, dem Architekten des U-Bahnhofs Siemensdamm, dafür genutzt wurden, um trotz aller Bedrohung und Aufrüstung spielerisch und wie es scheint nach Lust und Laune ausgeschmückt zu werden. Aus den dicken Rohren, die aus dem Untergrund kommen und mit einer Filteranlage den Menschen die Frischluft garantieren sollten, werden stumme einäugige Wächter mit gespreizten Flügeln.

Und das war zukunftsweisend von ihrem Erbauer – denn sie sind nicht nur in ihrer Funktion, sondern auch in ihrem Äußeren ganz und gar Wächter ihrer Zeit. Um sie herum verändern sich Farben und Trends, Formen und Träume – aber die Totempfähle, davon unberührt, behalten ihre Aufgabe, die sie ja auch ursprünglich haben: Sie erzählen Geschichten von vergangenen Zeiten.

Adresse Die Luftfiltertürme, Siemensdamm, 13629 Berlin-Spandau | **Architekt** Rainer G. Rümmler | **Baujahr** 1980–82 | **Heute** öffentlich zugänglich | **Bahnhof** Siemensdamm

MONTAG - SAMSTAG
Netto
Marken-Discount
dm

68_Das Mausoleum

Ewige Ruhe mit Lichtschalter

Ganz hinten auf dem Friedhof liegen die alten Gruften. Eine fällt auf zwischen den dusteren baufälligen Gemäuern mit ihren Säulen und Statuen. Denn sie ist schlicht, vor allem aber ist sie: weiß. Die weißen Steine formen ein gotisch anmutendes Tor mit Spitzbogenfenstern. Hier liegt Bolle begraben, *der* Bolle. Die Berliner nannten ihn ihren »Bimmel-Bolle«, denn er brachte ihnen die frische Milch in alle Stadtteile. Doch sein Leben verlief alles andere als gradlinig. Carl Bolle war Maurer, wollte Missionar werden, gründete eine Eisfabrik, verlor sein ganzes Vermögen, weil seine Bank zusammenbrach, begann wieder ganz von vorne, gründete eine Seefisch-Handelsgesellschaft, dann eine Baumschule, später ergab es sich, dass die Kühe der Baumschule für einen Milchausschank sorgten, der dann schon bald zu der ersten und größten Meierei der Stadt mit 2.000 Mitarbeitern werden sollte.

Man könnte sagen, er war ein Macher. Da wundert es nicht, dass er auch selbst seine Grabstätte entworfen hat. Die weißen Steine erinnern an das, wofür der Name Bolle stand: Milch. Aber auch das kirchlich anmutende Tor mit dem Spitzdach, das aus dem Mausoleum herausragt, erzählt von seinem festen Glauben – und eine weitere Besonderheit gibt es: Das Grab von Bolle ist bestimmt das erste und wahrscheinlich auch das einzige Mausoleum, in dem eine Glühbirne hängt. Seine Begeisterung für Fortschritt und Technik, aus der auch immer wieder seine Unternehmen gewachsen sind, zeigt sich in der über 100 Jahre alten Glühbirne, die anscheinend immer noch leuchtet und nachts sogar bis Kreuzberg zu sehen ist.

Ein Gedanke, der bleibt: Was wäre eigentlich, wenn jeder seine Grabstätte selbst entwerfen würde?

Adresse Grabstätte von Carl Bolle, Alter St.-Matthäus-Kirchhof, Großgörschenstraße 12 – 14, 10829 Berlin-Schöneberg | **Architekt** Carl Bolle | **Baujahr** 1910 | **Heute** Grabstätte | **Bahnhof** S Schöneberg

Ruhestätte
der Familie
Bolle

69 Die Müllverladestation

Ein Pamphlet für mehr Verve

Es spricht für eine Zeit und ihr Verständnis vom Bauen, wenn in einer Müllverladestation irgendwo in einem Gewerbegebiet und eigentlich nur vom Wasser aus zu sehen ein Bauwerk von so eindrucksstarker Formsprache und Detailliebe entsteht, dass es heute der Sitz eines international angesehenen Architekturbüros ist. Ein Zweckbau, ein Ort, an dem der Müll auf Kähne geladen wird, die ihn dann über das Wasser zur Deponie fahren. Was würde heute dafür gebaut werden? Ein schmuckloser Container. Aber auch Zweckbauten gehören zur Stadt. Und die ehemalige Müllverladestation ist ein Pamphlet.

An der Stelle, wo Spree, Landwehrkanal und Charlottenburger Verbindungskanal aufeinandertreffen, ragt die Verladestation über das Wasser, und zwar mit Verve. Die gerundete Betonplattform mit geschlossener Brüstung sieht so aus, als könne sie ablegen und selbst über das Wasser fahren. Über der Einfahrt zum Verladehof schwebt die aufgeständerte Schaltwarte. Es ist ein solider Bau, gebaut, um noch Jahrhunderte später bewundert zu werden für die Leichtigkeit und Eleganz, die er ausstrahlt. Der Zweck ist hier nicht die Hauptsache, die Station ist funktional ausgerichtet, aber in sich ist es ein Gebäude, das sich selbst über jede Funktionalität erhebt. Das machen auch die Details. In dem umlaufenden Fensterband am kleinen Seitenbecken sind jeweils schmale Reihen von zehn übereinandergestellten kleinen Fenstern. Sie lassen sich alle einzeln kippen und sehen aus wie gläserne Lüftungsschächte. Und ganz am Ende entdeckt man noch etwas, wenn das Gebäude, jetzt Rücken, keine Ablenkung mehr ist. Die Bordsteinkante ist aus schwarzem gerillten Stein, ein Schmuckband, das die leeren Müllwagen wieder hinausbegleitete.

Adresse Ehemalige Müllverladestation, Helmholtzstraße 42, 10587 Berlin-Charlottenburg | **Architekt** Paul Baumgarten | **Baujahr** 1935–36 | **Heute** Architekturbüro | **Bahnhof** Busse 101, 245 Helmholtzstraße

70 Das Museum

Raum überwindet Zeit

Inmitten eines großen Gartens am Waldrand liegt das ehemalige Staatsatelier. Adolf Hitler schenkte es Arno Breker zu seinem 40. Geburtstag. Der protegierte Bildhauer sollte Albert Speer die Bauplastiken für die geplante Stadt Germania liefern. Und wie alle Bauwerke aus dieser Zeit erschlägt einen beim ersten Eintreten vor allem die monumentale Dimension. In diesem turnhallengroßen Atelierhaus passt sich alles der Höhe an: Die Flügeltüren, die von einem Raum in den nächsten führen, sind dreimal so hoch wie eine normale Tür, und – wie sonst bloß in alten Schlössern üblich – ist eine kleine Tür in der großen Tür eingelassen, die der menschlichen Größe entspricht. Es gibt ein großes Studio in der Mitte und zu beiden Seiten ein kleineres Atelier. Auf der Südseite entspricht der lang gestreckte Kubus dem üblichen nationalsozialistischen Klassizismus – und rechts und links vom Haupteingang sind an der Hauswand zwei enorme horizontale Natursteine eingelassen, die von Arno Breker als Flies gestaltet werden sollten, wozu es aber nie gekommen ist. Auf der nördlichen Rückseite aber, hin zur Natur, öffnet sich der monumentale Klinkerbau mit unfassbar hohen Fenstern von bis zu 9,30 Meter.

Und das ist ein Erlebnis. Und auf eine gewisse Weise stimmt es versöhnlich. Denn nicht nur die ausgestellte Nachkriegskunst im Inneren des heutigen Museums, auch die Natur vor den Fenstern erzählt davon, dass die Zeit allen Schrecken überwinden kann. Und gleichzeitig bleibt die Erinnerung an den Größenwahn und die Unmenschlichkeit erhalten, sie ist wohl nicht rauszubekommen aus dem Atelier.

Aber dieses Erbe und der Umgang damit ist eine wichtige Aufgabe. Das Kunsthaus tritt es angemessen an.

Adresse Kunsthaus Dahlem, Käuzchensteig 8 – 12, 14195 Berlin-Dahlem | Architekt Hans Freese | Baujahr 1939 – 42 | Heute Museum | Bahnhof Busse 115, X10, X83

71 Das neue Mietshaus

Bauen gegen die Monotonie

Es ist ein Hingucker und das seit über 100 Jahren schon. Man bleibt stehen, um dieses Eingangs-Ensemble zu bestaunen. Keine Marmorsäulen oder überdimensionierte Türen – es ist schlichtweg: einladend. Neben der Treppe wächst ein kleiner Baum in einem eingefassten quadratischen Beet auf einem Steinsockel, auf der anderen Seite führt eine Treppe nach unten zur Kellertür. Es ist ein in Details und Proportionen so gelungener und mit dem Baum als Zentrum ungewöhnlicher Eingang, dass man den Blick hebt und das Haus betrachtet. Und man stellt fest, dass es etwas Besonderes ist. Jede Etage hat andere Fenster, ein runder Erker endet in einem enormen Spitzdach mit ovalem Guckloch in der Mitte. Das ist ein erfreulicher Ausbruch aus dem Gewohnten.

Es ist das »Gelbe Haus I« des Architekten Alber Geßner. Und der will um die Jahrhundertwende das Wohnen in der Stadt neu denken. Er beschreibt in seinem Buch »Das deutsche Mietshaus« die Eintönigkeit der immer gleichen Grundrisse und das trostlose monotone Straßenbild der Stadt. Der Architekt sei bloß noch ein Fassadenkünstler, der nach dem Wunsch der Mieter etwas Prunk und Protz anbringt. Geßner legt sich mit den Behörden an, wettert gegen die Bauordnungen und verurteilt die Vorschriften, die der Kreativität im Weg stehen. Er denkt nicht in großbürgerlichen Kategorien, er baut selbst außergewöhnliche Wohnungen mit neutralen Zimmern, die noch keiner Nutzung zugewiesen sind. Er legt Hinterhöfe für grüne Gartenanlagen zusammen. Das ist modern. Sein Appell an die Architekten, sich von der Unterjochung durch Bauunternehmer und Behörden zu befreien, ist bahnbrechend. Und was überraschend ist: Einige seiner Sätze klingen ungewöhnlich aktuell.

Adresse Das Gelbe Haus, Mommsenstraße 5, 10629 Berlin-Charlottenburg | Architekt Albert Geßner | Baujahr 1903–05 | Heute Mietshaus und Garten | Bahnhof S Savignyplatz

72 Das Ökohaus

Zukunfts-Modell

Die alten Rotbuchen breiten ihre Äste aus, unter ihnen führt ein Holzsteg über den wuchernden Waldboden. Zwischen den Blättern blitzen Giebel und Erker hervor, aber erst wenn man in den Hof tritt, wird klar: Hier steht zwischen den Bäumen ein kleines Dorf, und zwar übereinandergestapelt bis in die Baumkronen hinein. Verbunden durch Treppen und Galerien und natürlich durch den Efeu, der sich hier über alles hinwegsetzt. Wie zwei enorm verschachtelte Baumhäuser sitzen die Modelle hier auf den tragenden Ästen. Die Äste sind ein Skelett aus Beton-Ebenen, in denen die Häuser wie Schubladen drinsitzen. Dieses Experiment von Frei Otto war neu, und das Ergebnis ist immer noch vor allem eins: lebendig. Eine weiße Holztür neben einer geklinkerten Fassade, ein kleiner Erker, der heraussteht, daneben eine schiefe Glasveranda. Die Außenkanten sind nicht gerade, sondern eigensinnig und voller Winkel. Das Drumherum ist verwunschen und grün. Und dann der ökologische Aspekt: Jede Partei sollte eine experimentelle Maßnahme einbauen. Und so hat eine Veranda ein Wärmerückgewinnungssystem, ein Glashaus eine Wasserrecyclinganlage und ein Wintergartenanbau sogar eine beadwall: In die Zwischenräume der Fenster können zur Wärmedämmung Styroporkugeln geblasen werden. Und das alles entstand zu einer Zeit, als ökologisches Bauen noch hauptsächlich mit Freaks in Kalifornien in Verbindung gebracht wurde. Die Ökohäuser am Landwehrkanal waren nicht nur ihrer Zeit voraus, sie haben auch den Begriff »Öko« neu besetzt und das Bauen in eine neue Richtung gelenkt.

Ganz unten im Dorf findet gerade ein Umzug statt. Der neue Eigentümer baut sich sein Haus. Das alte wird einfach aus der Schublade gezogen.

Adresse Ökohaus, Corneliusstraße 11 – 12, 10787 Berlin-Tiergarten | Architekt Frei Otto (Planung) | Baujahr 1989 – 91 | Heute private Wohnhäuser | Bahnhof Zoologischer Garten

73 Das Palais

Der Holz-Schatz vom Landwehrkanal

Der Parkettboden knarzt bei jedem Schritt. Er zeigt schon beim Eintreten, worauf hier im Palais am Tempelhofer Ufer das Augenmerk liegt. Entree, Speisezimmer und Salon sind geschmückt mit Wandvertäfelungen aus dunkler Eiche, mit Kassettendecken und fein geschnitztem Ornamentenstuck. Und das kommt nicht von ungefähr: Kurz nachdem die Brüder Carl und Paul Eger von ihrem Vater einen Holzfachhandel übernommen haben, lassen sie 1881 eine Stadtvilla bauen. Die Lage direkt am Kanal ist klug gewählt – und dennoch ungewöhnlich. Umgeben von Mietskasernen und Offiziersunterkünften errichten die Holzhändler-Brüder ein herrschaftliches Palais als Wohn- und Geschäftshaus. Und das ist neu. Denn diese beiden Bereiche sind bislang streng voneinander getrennt. Die beiden Brüder leben jeweils in einem Stockwerk in einer Wohnung mit 17 Zimmern. Und in den vorderen Zimmern präsentieren sie ihr Sortiment: Die Intarsien in dem Parkett, die kunstvollen Holzeinbauten in der Wand, die verzierten Friese und geschnitzten Decken und die Türen aus Nussbaum erzählen noch heute von der kunstvollen Verarbeitung. Und im Hof fahren die Kutschen los, um die Ware auszuliefern.

Es grenzt an ein Wunder, dass das gesamte Interieur noch erhalten ist. Denn in den 1920er Jahren wird das Palais um sechs Geschosse aufgestockt und als Bürohaus genutzt. Von außen fällt es kaum noch auf. 1974 wird es zum Arbeiterinnenwohnheim und 1996 als temporäre Unterkunft für Kriegsflüchtlinge genutzt. Was hinter den eingezogenen Rigipswänden verborgen liegt, ist längst in Vergessenheit geraten. Doch 1999 wird der Schatz wiederentdeckt und in all seiner Pracht und Großzügigkeit gehoben – das Vermächtnis der Holzbrüder Eger.

Adresse Palais Eger, Tempelhofer Ufer 11, 10963 Berlin-Kreuzberg | Architekt Eduard Wex & Gustav Knoblauch | Baujahr 1880–81 | Heute Bürohaus | Bahnhof U Hallesches Tor

74 Der Pavillon

Schick mit Schinkel

Die hellen Säulen, die klaren Kanten, die Dachsimse, alles wirkt klassizistisch. Auf den ersten Blick zumindest. Dann sind es vielleicht doch etwas zu viele Kanten, zu viele Fenster nebeneinander, etwas zu leicht wirkt der Pavillon insgesamt auf der Anhöhe im Garten des Kronprinzenpalais. Und wenn man dann ins Treppenhaus kommt, dann passen die Dimensionen auf einmal ganz und gar nicht mehr, gedrungen und beinahe etwas beklemmend ist der Aufgang, der hinaufführt ins Tempelinnere, in den Pavillon mit dem Rundumblick. Der runde Kronleuchter im Oktogon verrät dann aber auch schon wieder dessen wahre Geburtsstunde: Es sind die 1960er Jahre, DDR. Hier mit Blick auf den Garten des Palais gab der Parteivorsitzende Erich Honecker Sektempfänge, der Historismus kam gut an, er galt als schick. Richard Paulick, der Architekt, hatte schon bei der Karl-Marx-Allee mitgebaut, klassizistisch, prunkvoll eben. Deshalb wurde der kleine Partei-Tempel zum Schinkel-Pavillon, die Gaststätte im Untergeschoss zur Schinkel-Klause. Heute sind sie Ausstellungsräume, sie zeigen Kunst, nicht nur im hellen Rundraum, sondern auch unten in der ehemaligen Klause und in den anschließenden Küchenräumen der Gaststätte.

Es gibt vielleicht kaum ein Gebäude, das die Verwicklungen und Mischungen von Zeiten und Stilen, die Nutzungen und Weiternutzungen von Berlin so gut erzählt wie dieser kleine Pavillon, eine Zeitkapsel, die nirgendwo richtig andocken kann, von allem etwas mit sich trägt, immer in Bewegung bleibt. Und das ist auch bestimmt nicht der schlechteste Zustand in einer Stadt wie Berlin, wo es ja auch keinen Stillstand gibt. Auch nicht in der Kunst, wie die Ausstellungen beweisen.

Adresse Schinkel-Pavillon, Oberwallstraße 1, 10117 Berlin-Mitte | Architekt Richard Paulick | Baujahr 1969 | Heute Kunstgalerie | Bahnhof U Hausvogteiplatz

75 Der Pionierpalast

Kinder an der Macht

Er ist ein Königreich wie aus einem Märchen mit Riesenrutsche, Kinderautos und Raumfahrtzentrum. Zelebriert werden hier all die Dinge, die Kinder lieben: das Draußensein, das Nichtstun und vor allem das Ausprobieren.

In der DDR wurde bereits im Jahr 1951 in der Wuhlheide die »Pionierrepublik Ernst Thälmann« ausgerufen. Dann entwarf der Architekt Günther Stahn in den 1970er Jahren den Palast für dieses Wunderland an der Wuhle. Mit seinem Grundriss von zwei ineinandergesteckten Sechsecken und einer Fassade aus Lärchenholz und gläsernem Parterre nimmt sich das Hauptgebäude in dem großen Park zurück. Es will ja eigentlich nur eins sein: die Bühne für die großen und kleinen Auftritte in seiner Mitte. Das Foyer bildet sein Zentrum. Es öffnet sich nach hinten hinaus mit einer ganzflächigen Fensterwand. Hier fließen das Innen und das Außen ineinander, und alle treffen aufeinander, ob Theaterspielende, Schwimmkursteilnehmer oder Musikinstrumentenbauende. Wer eben noch Zuschauer war, kann schon jetzt zum Akteur werden. Und vom Foyer aus führen die Gänge zu den Seitenräumen, den Bühnen und Werkstätten.

Es ist ein großartiges und großes Erbe, der Palast bietet Platz für 4.000 Besucher. Das sind Dimensionen, in denen in Westdeutschland niemand gedacht hat. Heute heißt er Freizeitpalast und ist noch immer voll ausgelastet, er bietet den Tanzgruppen und Chören, den Bands und Theatergruppen in dieser Stadt etwas Einmaliges: eine Bühne. Und wer hier das Sagen hat, das merkt man eben auch der Architektur an: Die geschwungene Freitreppe hat viel kleinere Stufen als eine herkömmliche Treppe – Kinderfüße rennen darauf hoch und runter, seit über 40 Jahren schon.

Adresse Freizeitpalast des FEZ Wuhlheide, Straße zum FEZ 2, 12459 Berlin-Oberschöneweide | Architekt Günter Stahn | Baujahr 1979 | Heute Kinder-, Jugend- und Familienzentrum | Bahnhof S Wuhlheide

fez

76_Das Planetarium

Grüße aus der Unendlichkeit

Sie holt den Himmel auf die Erde, genauer gesagt auf die vertrocknete Wiese vom Ernst-Thälmann-Park. Wenn die Sonne scheint, dann schickt die Kuppel die glitzernden Strahlen weiter in alle Richtungen über die Dächer der Stadt, bei mattem Himmel hingegen verschwimmt sie mit dem Weißgrau der Wolken. Vor allem aber zeigt sie jedem Vorüberfahrenden mit seinem flüchtigen Blick: Es gibt da noch mehr als unser Tun und Tuten hier auf Erden. Es gibt da eine Ferne, eine Weite, die unsere Vorstellungskraft übersteigt. Aber sie bietet uns auch an, sich dem Unbegreifbaren zu nähern. Kometen, Sterne, Planeten – die Silberkugel vom Prenzlauer Berg hält sie fest und macht sie für einen Moment greifbar.

Das Zeiss-Grossplanetarium war das letzte große Prestige-Bauwerk der DDR, gebaut für die 750-Jahr-Feier von Berlin. Der rechnergesteuerte Cosmorama-Projektor von Carl Zeiss entsprach der modernsten Projektionstechnik und konnte zusammen mit mehreren Diaprojektoren im Saal bis zu 10.000 Himmelsgestirne darstellen. Er stand in der Saalmitte auf einer fahrbaren Kuppel – und konnte bei Bedarf abgesenkt werden. Das war Hightech auf allen Ebenen, zusätzlich gab es eine Showlaseranlage, eine Surround-Tonanlage sowie Videoprojektionstechnik.

Der Cosmorama-Projektor, der bis zu drei Millionen Zuschauern das Universum nahegebracht hat, steht heute ausgestellt im Foyer. Die neue Technik ist wieder einmal die modernste, die Besucher können nicht nur das Universum von der Erde aus entdecken, sondern auch die Erde vom Universum aus – und sogar das Sonnensystem verlassen. Draußen glitzert die Sonne auf dem Silberrund der Kuppel, sie bringt einen wieder zurück in unsere greifbare Dimension.

Adresse Zeiss-Großplanetarium, Prenzlauer Allee 80, 10404 Berlin-Prenzlauer Berg | **Architekt** Erhardt Gißke, Ulrich Müther | **Baujahr** 1987 | **Heute** Planetarium | **Bahnhof** S Prenzlauer Allee

77 Der Plattenbau

Platte Ost trifft Platte West

Das Rollfeld wirkt in der Abendsonne noch weiter. Eine endlose Fläche. Doch ganz am südwestlichen Ende, zwischen Skatepark und Kinderwelt, dort, wo die Autobahn beginnt, da steht auf dem Tempelhofer Feld ein kleines neues Gebäude. Es ist ein Pavillon aus Beton. Von Weitem erkennt man ihn nur schwer, er fügt sich in das Bild, weil er auf dem Asphalt kaum auffällt. Aber der kleine Pavillon hat eine Geschichte, die es sich zu erzählen lohnt.

Alle Bauteile dieses Bauwerks haben eine Vorgeschichte: Die Betonwände der Ost- und der Westfassade sowie die Platte mit der Eingangstür stammen aus dem ehemaligen Olympischen Dorf in München, die südlichen und nördlichen Fassadenelemente inklusive der Fenster wurden von einem leer stehenden Plattenbau des Typs PH12 in Frankfurt/Oder abmontiert und hier in den Pavillon eingesetzt, und die Bodenplatte lag ursprünglich in einem Haus in Marzahn-Hellersdorf. Die Elemente wurden neu zusammengebaut, als wären die Betonplatten Teile eines Kindersteckspiels. Und das Ergebnis ist ein offener und geradezu leichter Pavillon aus Platte – und ein Lehrstück. Denn es steckt noch mehr dahinter. Die Plattenvereinigung, so haben die Erbauer ihr Konstrukt genannt, wirft Fragen auf. Was wird morgen noch vom Heute geblieben sein? Wie gehen wir mit dem Bestand um, der uns umgibt? Was machen wir, wenn etwas aus der Mode geraten ist? Die Plattenvereinigung zeigt, dass es sich lohnt, diese Gedanken weiterzudenken. An Material wird es nicht mangeln. Es wird in nächster Zukunft wahrscheinlich einige Betonwände geben, die in ihrer jetzigen Funktion in den vielen Plattenbauten ausgedient haben werden. Was kann daraus entstehen, neu zusammengesetzt, neu gedacht?

Adresse Plattenvereinigung, Tempelhofer Damm, 12101 Berlin-Tempelhof | Architekt Robert K. Huber und Peter Winter | Baujahr 2011 | Heute Werkstatt, Lehrobjekt, Ausstellungsraum | Bahnhof S Tempelhof

FALAFEL
UGK
GODSER

78_Das Portal

Im Zeichen der Avantgarde

Berlin erhebt sich 1920 per Gesetz zur Millionenstadt, indem es auf einen Schlag alle umliegenden Dörfer eingemeindet. Die neue Dimension wird getragen von einem technischen, kulturellen und politischen Wandel, aber auch von einem neuen Geist, einem Aufruhr und einer Erhebung. Und es gibt wohl kaum einen Ort in der Stadt, wo sich dieser Geist besser nachspüren lässt als vor dem Portal der großen backsteinernen Kirche am Hohenzollernplatz. Die neuen Bauten sollten eine neue, eine gänzlich andere Stadt bilden. Und sie glänzen bis heute wie Leuchtfeuer am Wegrand dieser Epoche. Es ist das Expressive, das so stark strahlt wie in kaum einer anderen Zeit. Und so auch hier.

Die runde Freitreppe führt über zwei Absätze nach oben hinauf. Vom ersten Schritt an, den man auf die Treppe setzt, wird man nach oben entführt, und noch bevor die Treppe in einer nach oben spitz zulaufenden Öffnung mündet, hat der Blick den goldenen Balken erfasst, der sich über dem Portal in die Höhe streckt, sich weiter streckt und immer noch weiter und sich dann endlich, kurz vor dem erlösenden Kirchendach, mit dem horizontalen Goldbalken zu einem Kreuz zusammenfügt.

Treppe, Turm und die beiden rund hervorragenden Kirchenschiffe umrahmen das Portal, aus dem es golden herausschimmert. Alles scheint um die klassische spitzbogige Form herum neu zu entstehen. Aus den erdigen Backsteinen erwächst eine ungemein klare, also unmissverständliche Bewegung nach oben, die einen mitnimmt und sich dann irgendwo in den Himmel hinein verflüchtigt. Es ist nicht der Bruch mit dem Alten, der hier das Neue zulässt, sondern eine ganz neue Entfaltung, die einen anspringt, ansaugt und nicht mehr loslässt.

Adresse Portal der Kirche am Hohenzollernplatz, Nassauische Straße 66–67, 10717 Berlin-Wilmersdorf | Architekt Ossip Klarweins, Fritz Högers | Baujahr 1930–34 | Heute Kirchenportal | Bahnhof U Hohenzollerndamm

79 Das Rathaus

Ein Haus für die Marzahner

Mittendrin zwischen den himmelhohen Zähnen der Großsiedlung Marzahn ist an dem kleinen Marktplatz mit Brunnen die Zeit stehen geblieben. Dort steht das einzige als Rathaus konzipierte Gebäude der DDR, ein Palast der Republik im Miniaturformat. Von der Fassade leuchten die goldenen Ähren fünfstöckig als Klinkersteinanordnung. Sie sind das Wahrzeichen von Marzahn, einst ein kleines märkisches Dorf, umgeben von Feldern.

Von außen wirkt der Plattenbaukasten eher geschlossen, umso mehr überrascht dann aber das Innere: Das Dach ist aus Glas, ein hell durchfluteter Lichthof mit terrassenförmig aufsteigenden Stockwerken, jedes einzelne üppig begrünt. Das Treppenhaus wirkt offen und einladend. Hier scheint es, was äußerst ungewöhnlich ist für ein Amtsgebäude, auf Augenhöhe zuzugehen.

Seit dem Zusammenschluss von Marzahn und Hellersdorf ist Hellersdorf für beide Bezirke zuständig. In dem sogenannten Alten Rathaus hier am Helene-Weigel-Platz werden einige Räume zwar noch dienstlich genutzt, andere hingegen bleiben schon lange verschlossen. Hinter den Türen aber sind sie unverändert, genau so wie einst von dem Architekten-Kollektiv geplant. Zum Beispiel das Trauzimmer: In den cremefarbigen Stoffbildern an der Wand schimmern auch wieder Ähren, die weißen Stühle mit dem grünen Polster sind etwas eingestaubt – und wenn das Licht angeht, dann zeichnen die Glühbirnenreihen an der Decke natürlich: Ähren.

Oder aber der Ratskeller: Hier steht noch das letzte Glas Bier unter dem Zapfhahn, und neben dem Münzsprecher an der Wand sieht man über die Tische und Stühle, als sei der letzte Kneipenabend gestern gewesen. Der Kellner verharrt in einer ewigen Willkommenspose, er ist aus Gips, eingeschlossen in einer Säule.

Adresse Altes Rathaus Berlin Marzahn, Helene-Weigel-Platz 8, 12681 Berlin-Marzahn | **Architekt** Wolf-Rüdiger Eisentraut, Karin Bock, Bernd Walther | **Baujahr** 1986–1988 | **Heute** Dienstgebäude | **Bahnhof** S Springpfuhl

80 Die Reihenhäuser

Schulterschluss im Villenviertel

Man läuft über uraltes Kopfsteinpflaster und bewundert die Erker und Türme an den herrschaftlichen Häusern und bestaunt die prachtvoll angelegten Gärten. Und dann entdeckt man sie. Denn sie fallen auf. Sie trotzen dem allgemeinen Einzigartigkeits-Bestreben, das hier überall übertrumpfen will. Es sind die zwei mal vier Backstein-Giebelhäuser an der Clayallee. Und fast alle, die diese lange Ausfahrtstraße kennen, kennen auch die Hollandhäuser. Nur in ihrer Giebelform unterscheiden sie sich untereinander, mal sind sie fünfstufig, mal zweistufig und mal ganz ohne Stufen. Es gibt keine Geschichte über sie zu erzählen, und architektonisch sind sie eher reaktionär, denn sie wagen Ende der 1920er Jahre nichts Neues, sondern halten vielmehr fest an den großbürgerlichen Idealen der vergangenen Jahrhunderte.

Und dennoch: Von ihren beiden Erbauern hier in diese Umgebung, in das Zehlendorfer Villenviertel gesetzt, verkünden sie trotzdem eine Botschaft. Nicht nur, dass ihre kleinen Vorgärten und die niedrigen weißen Gartenzäune einladend offen stehen im Gegensatz zu den hohen Mauern und undurchsichtigen Hecken in der Nachbarschaft – der größte Unterschied besteht darin, dass sie sich nicht absondern oder verschanzen, sondern mit Schulterschluss zusammenstehen. Sie wären ohne die anderen nicht denkbar, sie können nur als Reihe verstanden werden, wenn sich ihre Giebel als Silhouetten vor dem Himmel nebeneinander abzeichnen und ergänzen. So scheinen die Reihenhäuser, die in Holland aus Platzmangel entstanden, hier im grünen Zehlendorf vielleicht etwas verloren zwischen den prächtigen Villen, aber sie stechen mit ihrer klaren und doch abwechslungsreichen Form jedes Mal neu heraus.

Adresse Hollandhäuser, Clayallee 255–271, 14169 Berlin-Zehlendorf | **Architekt** Wilhelm Keller und Rudolf Prömmel | **Baujahr** 1928 | **Heute** Wohnhäuser | **Bahnhof** U Oskar-Helene-Heim

81 Die Reklametafeln

Sieh! mich! an!

Sie ist die größte Wucht von Berlin. Ein Prunk-Bauwerk von insgesamt 2,3 Kilometern Länge. So wurde im Kalten Krieg getrumpft! Und sie imponieren ja noch immer, die mächtigen Mauern und prächtigen Fassaden der Karl-Marx-Allee. Die Straße misst nach bestem sozialistischen Dafürhalten ganze 90 Meter Breite. Man staunt über die Gewaltigkeit der Blöcke und ist entzückt über die Leichtigkeit der Verkaufspavillons, die immer wieder die Schwere durchbrechen.

Und immer wieder gibt es etwas zu entdecken: ein kleines Mosaik über dem einen Hauseingang, die Straßenlaternen, Figuren und Säulen, das Kino Kosmos, die Karl-Marx-Buchhandlung. Und dann steht sie plötzlich da, mitten im Weg. Sie steht auf festem Betonfuß, nicht rund und hoch wie die Litfaßsäule, sondern breit. Man kann also nicht anders. Man kann sie nicht ignorieren. Man muss sie umrunden und kann den Blick erst auf der Rückseite wieder von ihr lösen. Die Reklametafeln sind fester Bestandteil des Gesamtbauwerks und wollen die volle Aufmerksamkeit. Sie wissen aber, dass sie es mit ihrer Umgebung kaum aufnehmen können. Daher versperren sie Weg und Sicht und leuchten im Dunkeln unter ihrem ovalen Schirm. Sie schaffen es jedes Mal, wenn auch nur für einen kurzen Moment.

Wofür warben sie wohl in der DDR? Dienten sie der Propaganda oder vielleicht als Schwarzes Brett für die Nachbarschaft? Bewarben sie Produkte, Filme oder Bücher? Fest steht, sie manifestieren damals wie heute, dass die Karl-Marx-Allee nicht bloß Kulisse ist, nicht bloß ein ehernes Zeitzeugnis. Die Menschen, die hier leben, sind längst nicht mehr die Arbeiterfamilien, die hier einst eingezogen sind. Die Zeit ist weitergegangen. Die Werbung beweist es.

Adresse Säule für Lichtreklame, Karl-Marx-Allee 127, 10243 Berlin-Friedrichshain | Architekt Entwurfskollektiv Kurt Leucht | Baujahr 1949–54 | Heute plakatiert | Bahnhof Straußberger Platz

Wer ist Julia?
#weristjulia
Wer ist Julia?
#weristjulia
Wer ist Julia?
#weristjulia
Wer ist Julia?
#weristjulia
MEUTE / PULS
NEW ALBUM 21.02.2020
MEUTE / PULS
NEW ALBUM 21.02.2020
MEUTE / PULS
NEW ALBUM 21.02.2020
MEUTE / PULS
NEW ALBUM 21.02.2020

82 Das Schaltwerk

Hoch lebe Elektropolis!

Die neue Zeit war angebrochen. Die Zeit, in der die Technik die Richtung wies, in der Großkonzerne ihre Weltgeltung manifestierten und die Arbeiter in Massen in die Fabriken strömten. Es war zu dieser Zeit, als hier auf den grünen Wiesen vor Berlin eine eigene Stadt entstand mit Wohnsiedlungen, mächtigen Montagehallen und prunkvollen Hauptgebäuden. Der Architekt Hans C. Hertlein hat eine ganz eigene Formgebung für die Symbiose aus Prestige und Funktionalität gefunden. Die klaren und schlichten Formen seiner Stahlskelettkonstruktion mit den typischen roten Klinkerfassaden prägen diese neuartige Industriearchitektur. Das Schaltwerk strahlt Erhabenheit aus. Und dennoch wirkt das erste Industriehochhaus in Europa mit seiner goldenen Uhr am Turm nicht erdrückend. Ganz im Gegenteil, geradezu eine Leichtigkeit scheint von ihm auszugehen. Und das machen die großen Fenster mit ihren weißen Sprossen. Während sie im Quergebäude symmetrisch angeordnet sind, scheinen sie im Turm, der aussieht, als wäre er nachträglich über das Gebäude drübergestülpt worden, vollkommen willkürlich gesetzt. Und das ist wahrscheinlich der Grund dafür, dass man vor dem Turm steht, ihn betrachtet und versucht, ihn zu verstehen, wie man anderorts im Stadtzentrum steht und einen Kirchturm bewundert. Aber man kommt nicht dahinter, und das ist unbefriedigend, weil man ja ahnt, dass mehr dahintersteckt als bloße Ungenauigkeit. Bis man irgendwann begreift: Es ging eben nicht bloß um Funktionalität. Sogar die Industrie durfte verspielt sein, durfte eigenwillig sein.

In dem neuen Schaltwerk waren nachts alle Fenster erleuchtet. Darum gab man ihm und der ganzen Siemensstadt den Namen: Elektropolis.

Adresse Wernerwerk Hochhaus, Siemensdamm 50–54, 13599 Berlin-Siemensstadt | **Architekt** Hans C. Hertlein | **Baujahr** 1928–30 | **Heute** Bürohaus | **Bahnhof** U Siemensdamm

83 Die Schaukästen

Verlockungen hinter Glas

Man kann sich einen Ku'damm ohne sie nicht vorstellen. Sie sind der Ku'damm. In den 1920er Jahren, als der Kurfürstendamm zum Herz der Metropole Berlin wurde, wo sich Künstler, Literaten, Schauspieler und Jazzmusiker trafen, wo in der Nacht gefeiert und am Tage flaniert wurde, tauchten die ersten beleuchteten Glasvitrinen in den Vorgärten auf. Sie sollten die Menschen in die Geschäfte, Kinos und die berühmten Ku'damm-Cafés locken und sorgten für großes Aufsehen. Denn die neuen Reklamekästen gaben was her. Mehr als jedes andere Bauwerk am Kurfürstendamm. Die Häuser entlang des Boulevards nämlich galten als zu gewöhnlich, zu großbürgerlich, zu wenig avantgardistisch und modern. Daher nahm die Architektur kaum Kenntnis von ihnen. Aber die Vitrinen, die wurden immer mehr. Sie erzählten Geschichten von einer mondänen, glitzernden Welt.

Den Nationalsozialisten war der Ku'damm ein Gräuel. Hier lebten und trafen sich Intellektuelle, Künstler und Juden. Daher nahmen sie die Olympischen Spiele 1936 zum Anlass, die beliebte Meile für ihre Zwecke zu vereinnahmen: Sie stellten auf der ganzen Länge einheitliche Schaukästen für ihre Propaganda auf.

Nach dem Weltkrieg dann wurde Berlin wieder aufgebaut. So auch die Vitrinen vom Kurfürstendamm. Wir schaffen das, sagten sie, wir werden wieder was, was Weltstädtisches.

Und es kommen immer noch neue Schaufensterkästen dazu, die Stadt Berlin hat eine Skizze mit vorgegebenen Maßen veröffentlicht, an die sich alle Ladenbesitzer halten müssen. Doch die Zeiten, als Berlins längster Boulevard der Inbegriff der Moderne war, sind lange vorbei. Die Schaukästen erzählen noch davon, vom einstigen Flair ist nicht mehr viel zu spüren.

Adresse Die Vitrinen, Kurfürstendamm, 10707 Berlin-Charlottenburg | Architekt unbekannt | Baujahr 1920er Jahre | Heute öffentlich zugänglich | Bahnhof Kurfürstendamm, Uhlandstraße

84 Die Schule

Ein guter Anknüpfungspunkt

Als Erstes ist das Orange. Die Farbe ist 1970er, ist Pop, ist irgendwie Ufo. Es gibt sie heute eigentlich nicht mehr. Sie ist in Vergessenheit geraten. Aber hier im Brunnenviertel hat sie einen Platz gefunden, ist gelandet – und darf nun auch bleiben. Das leer stehende Schulgebäude wurde 2019 unter Denkmalschutz gestellt.

Es sind die abgerundeten Ecken der Paneele und die runden Fenster, die aus einer Zeit erzählen, in der das Bauen in dieser Stadt wieder einmal umgedacht wurde, alte Muster gesprengt wurden und etwas Neues entstand. Und das ist immer erzählenswert. Die Schule im Wedding wurde nicht nur inhaltlich neu gedacht, die traditionellen Klassenverbände des Gymnasiums sollten aufgelöst und ein Kurssystem mit mehr Selbstbestimmung für alle Schülerinnen und Schüler initiiert werden – auch die Bauweise zeugt von einer Wende. Im Gegensatz zu den herkömmlichen, mächtigen Schulgebäuden, die einen klein werden lassen, fügt sich das Gebilde fast schon verspielt in seine Umgebung zwischen den hohen Platanen ein. Das orange Hauptgebäude sitzt auf einem dunkelgrünen Unterbau, es wird dem Boden enthoben und schwebt tatsächlich wie ein landendes Raumschiff über der Erde. Das hohe Untergeschoss lässt Platz für großflächige, undefinierte, flexible Räume und Zwischenräume, für Begegnungen zwischen Schülerschaft und Lehrerschaft. Und dieser Raum sollte auch außerschulisch geöffnet werden. Bildung und Öffentlichkeit konnten hier zusammenfinden. An der Schulstraße, die einmal quer durch das Gebäude führte, lagen eine Stadtteilbibliothek, die Aula sowie Zugänge zu Volkshochschule und Turnhalle.

Die Grundlage ist gegeben, um Schule wieder einmal neu zu denken – das Orange muss bleiben!

Adresse Oberstufen-Schulzentrum Berlin-Wedding, Puttbusser Straße 12, 13335 Berlin-Wedding | Architekt Hans-Joachim Pysall, Uwe Jensen und Peter Stahrenberg | Baujahr 1974–76 | Heute Leerstand | Bahnhof U Voltastraße

85 Das Schwimmbad

Im Zentrum der Symmetrie

Die Kaserne ist angelegt wie eine Gartenstadt. Die schlichten Gebäude liegen symmetrisch zur Mittelachse, und zwischen den einstöckigen und zweistöckigen Häusern gibt es viele Wiesen und Bäume. Doch anstelle eines Dorfplatzes, den man beinahe erwartet, liegt hier im Zentrum des Ovals eine Überraschung: Der Hauptplatz hebt sich in seiner modernen und klaren Anordnung vollkommen von seiner Umgebung ab. Die Symmetrie ist perfekt.

Das Schwimmbad wird flankiert von zwei Sporthallen. Travertin ist das angesagte Material der Stunde, und die Verkleidung der Stahlskelettbauten mit dem hellen Kalkstein verleiht den Gebäuden einen standhaften, ja ewigen Charakter und wirkt trotzdem nicht schwer oder klobig. Dieser Eindruck wird bei der Schwimmhalle noch durch die neun großflächigen Fensterbahnen verstärkt, die das ganze Gebäude in eine beinahe unmögliche gemauerte Leichtigkeit verwandeln.

Und das Innen ist hier eigentlich gar kein Innen, denn die Halle ist zu beiden Seiten geöffnet. Die Farben nehmen sich zurück, einziges Schmuckelement in der Schwimmhalle ist ein großflächiges Wandmosaik, das überlebensgroße Athleten darstellt. Der neoklassizistische Trend in der internationalen Kunst der 1930er Jahre, der auf die körperlichen Ideale der Antike zurückgreift, wird von den Nationalsozialisten aufgegriffen und für ihre Rassenideologie missbraucht. Dennoch ist es ein Kunstwerk seiner Zeit, das es zu erhalten und einzuordnen gilt. Vor dem Schwimmbad steht eine Bronzefigur von Georg Kolbe aus dem Jahr 1936, auf der anderen Straßenseite haben die französischen Streitkräfte nach dem Krieg eine Jeanne d'Arc aufgestellt. Die Zeit geht weiter, Kunst erzählt davon.

Adresse Ganzjahresbad der Julius-Leber-Kaserne, Kurt-Schumacher-Damm 41, 13405 Berlin-Reinickendorf | Architekt Oberbaurat Schneidt | Baujahr 1936 – 39 | Heute Schwimmbad | Bahnhof U Kurt-Schumacher-Damm

86 Die Siedlung

Alles muss eine Farbe haben

Wiesen und Kiefern, dazwischen verstreut einige Villen, ansonsten aber vor allem: Wiesen und Kiefern. So sah es in Zehlendorf aus, als Bruno Taut 1926 seinen Bebauungsplan für diesen Randbezirk von Berlin präsentierte. Die Wohnungsknappheit im Zentrum führte dazu, dass auch in den äußeren Vierteln der Stadt für Arbeiter gebaut wurde. Eine Großsiedlung für 20.000 Menschen sollte rund um das Ausflugslokal Onkel-Toms-Hütte entstehen. Das Besondere: Zwischen jeder Zeile von Reihenhäusern und Wohnungen blieb Platz. Platz für Luft und Licht, Wiesen und Kiefern. Dadurch gibt es nach wie vor nie das Gefühl von einer großen Siedlung, von einem Eingeschlossensein, von vielen Menschen an einem Ort.

Aber nicht das allein machte Taut zu einem großen Baumeister seiner Zeit. Sein Markenzeichen war die Farbe. Sie war für ihn »Zeichen des neuen Glücks«. Und mehr noch. Bruno Taut arbeitete mit den Farben wie kaum ein anderer: das zarte Gelb, das volle Rot, das satte Grün und das unbeschreibliche Lila. »Alles muss irgendeine Farbe haben.« Diese Farben machten die Häuser nicht bloß bunter, durch sie werden die Häuser der Großsiedlung zu feingliedrigen Meisterwerken. Sie erscheinen nicht nur weniger gleichförmig, sie spielen mit der Andersartigkeit. Zurückgesetzte Fassadenteile leuchten farbig hervor, formen eine neue Struktur in die rechteckige Front. Alles ist abgestimmt. Und die Fenster sind dabei das Highlight: Die Farbigkeit der Fensterkreuze ist mit einer schwarzen oder weißen Umrandung abgehoben, was ihnen eine unbeschreibliche Strahlkraft verleiht.

Taut hat mit seinen Siedlungen in Berlin eine Vision manifestiert. Eine Vision von einem sozialen, demokratischen und bezahlbaren Wohnen.

Adresse Die Waldsiedlung, Onkel-Tom-Straße, Argentinische Allee u. a., 14163 Berlin-Zehlendorf | Architekt Bruno Taut und Martin Wagner | Baujahr 1926–31 | Heute Wohnhäuser | Bahnhof U Onkel-Toms-Hütte

87 Das Stadtmuseum

Motto: Berlin

Die kleine Residenzstadt an der Spree wächst rasant. Von 1850 bis 1870 verdoppelt sich die Einwohnerzahl. Es wird gebaut und gebaut. Gleichzeitig wächst die Sorge, dass diese Umwälzungen all das, was vorher war, überrennen und vernichten könnten. Ein alarmiertes Bürgertum gründet daher einen »Verein für die Geschichte Berlins«. Und so kommt eins zum anderen: Ein Aufruf zur Spende von kulturgeschichtlich interessanten Objekten ufert aus, die Räume im Rathaus reichen nicht mehr aus – und so wird Ludwig Hoffmann von der Stadt beauftragt, ein Stadtmuseum zu bauen. So etwas hat es bis jetzt noch nie gegeben. Wie soll man so etwas anfangen?

Der Architekt und Stadtbaurat Hoffmann hat eine Idee: Er baut die Geschichte der Stadt in einem einzigen Gebäude nach. Schon von außen ist das vielseitige Gebilde schwer zu fassen. Man sieht den Turm, der eigentlich ein Burgturm ist und auf einem Berg stehen müsste, und gleich daneben scheint die Sonne durch das gotische Portal einer Kirche. Wäre es nicht so trutzig, man könnte das Backsteingebilde beinahe verspielt nennen.

Betritt man das Museum, dann geht die Zeitreise erst richtig los: Im Erdgeschoss läuft man durch niedrige Gewölbe mit grob verputzten Wänden – es ist die frühzeitliche Abteilung. Hier werden die dazu passenden Faustkeile und prähistorischen Tonscherben gezeigt. In einer mittelalterlichen Kapelle stehen Altarbilder und Skulpturen aus märkischen Dorfkirchen, es folgen Rittersäle und Waffenkammern, und im zweiten Obergeschoss dann steht feinstes Rokoko-Porzellan in Glasschränken.

Bis heute wird in diesen Räumen rund um die beiden Innenhöfe der Geist von Zilles Berlin und Fontanes Mark Brandenburg festgehalten.

Adresse Märkisches Museum, Am Köllnischen Park 5, 10179 Berlin-Mitte | Architekt Ludwig Hoffmann | Baujahr 1908 | Heute Stadtmuseum | Bahnhof U Spittelmarkt

88 Die Stadtvilla

Gründerzeitzeugin

Hier thront eine prächtige Villa mit Türmen und Giebeln, mit Erkern und einer Freitreppe an einer für Berlin wohl einzigartigen Lage: am Hang. Aber das Haus Lindenberg ist nicht restauriert, saniert oder modernisiert – hier wird die Zeit nicht eingefroren, sondern man kann sehen, wie ganz im Gegenteil: die Zeit mit dem Gemäuer ringt. Und das ist mitten in der Stadt inzwischen eine Seltenheit und schon allein deswegen ein besonderes Spektakel. Der Sieger in diesem Kräftemessen steht noch nicht fest. Es bröckelt der graue Stein, der Balkon muss mit einem dicken Balken gestützt werden, und aus den Ritzen sprießt grün und siegessicher irgendein Mauergewächs.

Die Zeit hat allen damaligen Glanz verschlungen – was bleibt, ist ein verwunschenes Steingerippe. Aber genau das ist das Aufregende. Denn beim Betrachten schimmert eine Ahnung durch die alten Mauern hindurch, wie die Villen hier am östlichen Hang des Kreuzbergs wohl damals ausgesehen haben müssen. Und vor allem: wie viel Zeit seit damals vergangen ist. Wie war es wohl damals in der Gründerzeit in dieser Stadt? Was bewegte die Menschen dazu, hier in direkter Nachbarschaft zu der großen Garde-Dragoner-Kaserne am Mehringdamm und unmittelbar neben einer Sandgrube ein Villenquartier zu errichten? Mit einer Großzügigkeit, die sonst eher in den feinen Vororten der Stadt zu finden ist?

Heute stehen noch drei von den insgesamt 20 Villen des Quartiers Wilhelmshöhe. Zwei von ihnen sind modernisiert, weiß und glatt die eine, und die andere durch einen gelb gefliesten Anbau erweitert. In der Mitte thront wie eh und je und voller Stolz das Haus Lindenberg – und trotzt bis jetzt erfolgreich der Zeit und ihrer unaufhaltsamen Kraft.

Adresse Haus Lindenberg, Methfesselstraße 23 - 25, 10965 Berlin-Kreuzberg | Architekt E. Becher | Baujahr 1874 |
Heute Wohnhaus | Bahnhof U Platz der Luftbrücke

89 Das Stiftungshaus

Die gesammelten Träume

Sie sind noch vollkommen frei. Jeder Strich und jede Linie einer ersten Zeichnung ist ein Teil von einem großen Traum, der auf dem Papier noch ganz ohne Einschränkungen entstehen darf. Er darf über die Grenzen des Möglichen hinausschießen, er darf spielen und übertreiben, ja er muss es sogar – denn nur so ist es möglich, den Kern zu finden, den dieser Traum ausmacht. Diesen Kern gilt es dann zu bewahren, weiterzudenken und zu transportieren. Das ist ein Prozess, den man normalerweise nicht mitbekommt. Er passiert im Verborgenen. Am Ende steht dann ein Gebäude. Das dann entweder gefällt oder vielleicht auch provoziert.

Sergei Tchoban möchte die Zeichnungen, die ganz am Anfang stehen, bewahren und zeigen. Zu der Sammlung gehören Skizzen und Entwürfe vom 16. Jahrhundert bis heute. Die Hülle dafür hat er selbst entworfen. Das Museum für Architekturzeichnung ist als Bauwerk besonders, denn es vermittelt ganz ohne Umschweife, was es will. Wie locker übereinandergestapelte Kisten und Kartons sitzen die Stockwerke übereinander, die Farbe erinnert an altes Pergament – und in dem Beton sind Zeichnungen als Reliefs eingraviert. Die Geister scheiden sich ja, ob Form und Inhalt sich derart aufeinander beziehen sollten – aber hier passt es. Die Zeichnungen erwachen auf der Fassade zu einem Eigenleben. Sie werden spielerisch aufgefächert, aus einem Detail entsteht Stück für Stück eine ganze räumliche Ansicht.

Und wie die Skizzen brechen auch die Linien des Gebäudes aus. Sie dürfen. Der symmetrische Kubus schlägt mit Schwung zur Seite aus – und mit Übermut. Und der Übermut ist es auch, der hier vielleicht ein Kern ist. Denn ohne Übermut schließlich kein Traum, keine Vision.

Adresse Tchoban Foundation – Museum für Architekturzeichnung, Christinenstraße 18a, 10119 Berlin-Prenzlauer Berg | Architekt Sergei Tchoban | Baujahr 2013 | Heute Stiftungssitz, Museum | Bahnhof U Senefelder Platz

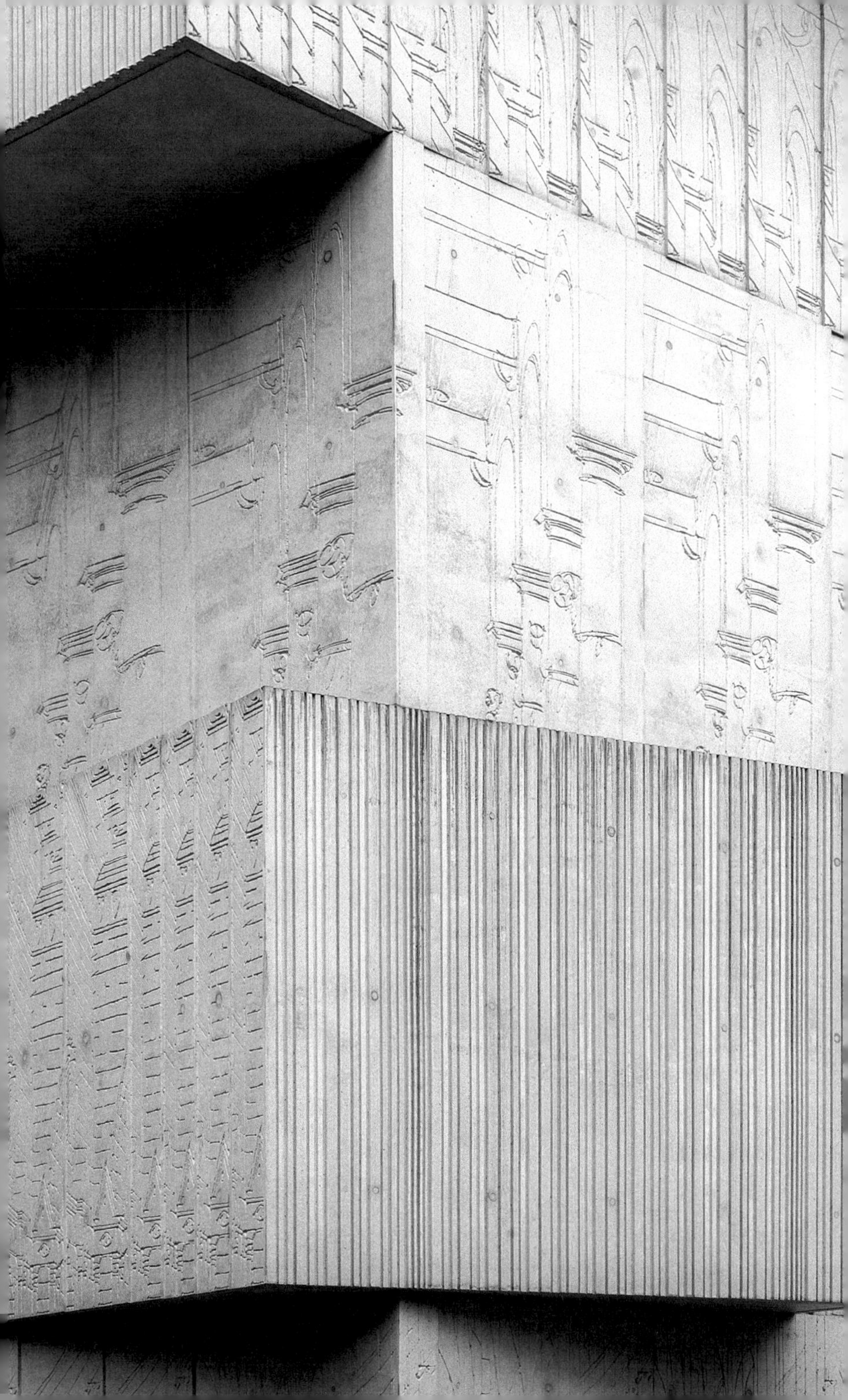

90 Das Strandbad

Promenieren wie zu Zilles Zeit

Wer denkt, dass man ins Strandbad geht, um zu schwimmen, der liegt falsch. Das kann man schließlich auch an allen anderen Badestellen am Wannsee. Ins Strandbad geht man, um ins Strandbad zu gehen. Das fängt gleich hinter dem Eingang an, dort, wo die breite Treppe hinunterführt. Man taucht hinein in eine andere Welt, eine Welt, die nach Sonnencreme riecht und viel Haut zeigt. Sommerfrische nannte sich das früher. Und die wird hier ausgekostet. Das zeigt die Architektur der lang gestreckten Badeanstalt mit ihren Terrassen, Restaurants, Umkleiden, einem 500 Meter langen Wandelgang, den breiten Treppen und vor allem: den Promenaden und den Brüstungen. Hier wird flaniert und stolziert, sich umgeguckt oder zielsicher beobachtet – und zwischendurch auch mal ein wenig ins Wasser gegangen.

Der damals als riesenhafter Sportpark angepriesene Bau sollte das größte und modernste Binnenfreibad Europas werden, eine Freizeitlandschaft, die den Großstädtern in Massen Erholung bieten und von der Insel Schwanenwerder bis zum Wasserwerk Beelitzhof reichen würde. Stadtbaurat Martin Wagner sprach von der »Befreiung des Weltstädters«. Von den damaligen Plänen wurde dann nur der erste Bauabschnitt realisiert, aber der Sand von der Ostsee und die Strandkörbe taten ihr Übriges, und die Berliner kamen und erholten sich und zeigten nach und nach immer mehr Körper.

Die unterschiedlichen Gelbtöne der Klinkersteine und ihre klaren Linien bilden einen meisterhaften Übergang zwischen dem hellen Sand und den Kiefern am Hang. Aber dafür hat man eigentlich kein Auge, wenn man hier ist. Es passt einfach. Was wichtiger ist: Ist der Sprungturm geöffnet, ist noch ein Strandkorb frei, wer ist alles da?

Adresse Strandbad Wannsee, Wannseebadweg 25, Wannsee | Architekt Richard Ermisch | Baujahr 1930 | Heute Strandbad | Bahnhof S Nikolassee

91 Das Studentendorf

Gebaute Gemeinschaft

Man kann es ganz ohne Bedenken als Vorzeigeprojekt hochhalten, als die Verwirklichung einer Vision, als eine ganz neue Form des Zusammenlebens. Das Studentendorf hat viele Hochs und Tief erlebt, wurde von der Studentenbewegung als altbacken verpönt, ist dann aber wieder zu neuem Leben erwacht und steht noch heute für sein einstiges Leitbild: ein Dorf, in welchem jeder einzelne in einer Gemeinschaft integriert ist. Denn ohne Gemeinschaft geht es nicht. Die großen offenen Küchen und der Dorfplatz vor dem »Rathaus« sind die Orte, die hier im Mittelpunkt stehen. Jeder Einzelne hat seinen Rückzugsort, ein winziges Zimmer mit Einbauschrank, Bett und Schreibtisch an der Wand – aber die Flure mit ihren 70 Zentimetern Breite sind so schmal, dass man nicht aneinander vorbeikommt, ohne sich zu berühren.

Finanziert wurde der Bau von den Vereinigten Staaten. Es war eine Art baulicher Beitrag zur Demokratisierung.

Die junge akademische Elite sollte hier in diesen Häusern, die auf einem grünen Gelände verstreut sind, politisches Denken und Handeln lernen.

Und die Bauweise dieser »gebauten Demokratie« vereint die Ideale der damaligen Zeit. Aus den Treppenhäusern sieht man durch große Fenster in die Gemeinschaftsräume und durch sie hindurch nach draußen in den Garten und weiter noch bis zu den nächsten Häusern hinüber. Es ist eine fließende Architektur, die das Draußen und Drinnen vereint und die Menschen zusammenbringt. Und das funktioniert noch heute. Und es ist im Laufe der Zeit vielleicht sogar noch umfassender geworden: Es ist ein globales Dorf entstanden, welches die Balance zwischen Selbstbestimmung und Mehrheitsprinzip immer wieder aufs Neue austariert.

Adresse Studentendorf Schlachtensee, Wasgenstraße 75, 14129 Berlin-Zehlendorf | Architekt Hermann Fehling, Daniel Gogel und Peter Pfankuch | Baujahr 1959–64 | Heute Studentendorf | Bahnhof Bus 118 Kurstraße

2

92 Das Stummfilmkino

Keine Kompromisse!

Der Glamour der großen weiten Welt weht durch den kleinen Vorort am See, und die Berliner fahren raus, um bei den großen Premieren dabei zu sein und vielleicht, vielleicht einen Filmstar aus der Nähe zu sehen. Heute ist von Berlins ehemaligem Klein-Hollywood in Weißensee nicht mehr viel zu spüren. Der Glamour ist Vergangenheit. Drei Premierenkinos und einige Ateliers stehen noch, umfunktioniert und unbeachtet.

Nur das Delphi, das letzte Stummfilmkino, hat die Zeit wirklich überlebt. Nach dem Krieg wurde das Foyer als Gemüselager, Briefmarkengeschäft und Wäscherei genutzt. Der Saal aber blieb leer, unberührt. Und deshalb gibt es hier etwas, das man wohl an keinem anderen Ort noch findet: echten Glamour aus den 1920er Jahren, Teile der originalen Wandfarbe »Rot mit Glitzer«.

Als die beiden Künstler Brina Stinehelfer und Nikolaus Schneider den Saal im Jahr 2011 durch Zufall entdecken, haben sie eine Vision: Der Saal soll wieder bespielt werden, aber nicht als bloße Bühne, sondern er soll in seinem Zustand zur Hauptfigur werden, jeder Abend neu gedacht und entwickelt für das Delphi, mit dem Delphi.

Die drei Bögen sind es, die alles bündeln, sie führen jede Aufmerksamkeit hin zur Bühne. Es ist ein schlichtes Design, ohne viel Schmuck und Dekor. Und dann schließlich, wenn man vor der Bühne steht und die abblätternden Farbschichten sieht, die Stufen, die in den Orchestergraben hinunterführen, und die alten Lautsprecher in der Wand – dann wird klar, dass Brina Stinehelfer und Nikolaus Schneider hier etwas Einzigartiges geschafft haben: keine Kompromisse – und trotzdem eine Spielstätte mit Brandschutz, Technik und Schallschutz.

Es kann losgehen, die Vision ist Wirklichkeit geworden!

Adresse Theater im Delphi, Gustav-Adolf-Straße 2, 13086 Berlin-Weißensee | Architekt Julius Krost und Heinrich Zindel | Baujahr 1929 | Heute Kulturstätte für Theater, Tanz, Performance und mehr | Bahnhof M2 Ostseestraße

93_Der Tauchturm

Das Winkelwunder

Ein Haus wird in die Höhe gebaut, einstöckig, mehrstöckig, Stein auf Stein. Deshalb denkt man auch nicht an ein Haus, wenn man dieses ungeheuerlich schräge Konstrukt an der Scharfen Lanke zum ersten Mal sieht, vielmehr an eine Skisprungschanze oder eine Raketenrampe. Aber wenn man sich dann der Bundeslehr- und Forschungsstätte der Deutschen Lebens-Rettungs-Gesellschaft (DLRG) nähert, dann ist sie vor allem eins: ein Platzwunder. Auf dem 413 Quadratmeter kleinen Grundstück hat Ludwig Leo in einem Gebäude alles untergebracht, was der DLRG für seine Arbeit benötigt: Büros, Versammlungsräume, Übernachtungsmöglichkeiten, Funktechnik und Werkstätten, Labore sowie Sport- und Lagerräume. Und nicht zuletzt sein Herzstück, den Tauchturm mit seinem zwölf Meter tiefen Schacht, mit einer Dekompressionskammer und einer Überdruck-Kammer, um Taucherunfälle behandeln zu können. Außerdem noch die Unterbringung einer ganzen Flotte von Booten. Eigentlich also – jeder andere hätte aufgegeben – ein Ding der Unmöglichkeit. Und es funktionierte auch nur mit einem Trick, oder besser gesagt: mit einem Umdenken, einer sehr radikalen Loslösung von dem Kinderlied mit den fleißigen Handwerkern. Leo Ludwig hat das 30 Meter hohe Gebäude gekippt, und zwar in einem Winkel von 44 Grad. Damit konnte er alle Höhenauflagen umgehen, da in Berlin Gebäude erst ab einem Winkel von 45 Grad als senkrecht gelten. Der Tauchturm ist also offiziell ein nullstöckiges Haus.

Das Siegfried-John-Haus ist exakt zugeschnitten auf die Anforderungen seiner Nutzer, ausgetüftelt bis ins kleinste Detail. Und vielleicht ist es deshalb Ludwig Leos Meisterwerk, denn es ist kein Haus, vielmehr ein perfekt ausgewogenes technisches Wunderding.

Adresse Das Siegfried-John-Haus, Am Pichelssee 20–21, 13595 Berlin-Spandau | **Architekt** Ludwig Leo | **Baujahr** 1969–71 | **Heute** Bundeslehr- und Forschungsstätte der DLRG | **Bahnhof** Bus M49 Freybrücke

DLRG
MERCURY

94 Der Tempel

Gott für Gott

Auf der Baustelle ist es still. Vielleicht ist das Geld gerade ausgegangen, vielleicht ist es aber auch zu kalt. Der Tempel am Fuß der Hasenheide wird mit Spendengeldern finanziert. Hier wird demnächst irgendwann der zweitgrößte Hindu-Tempel Europas stehen, und dafür reisen die Tempel-Künstler sogar aus Indien an, um die Götterstatuen auf dem Eingangsturm zu modellieren. Und das ist im Winter zu kalt.

Aber das Bauen mit Pausen ist auch ein Geschenk, oder besser: eine Einladung. Denn selten bekommt man so unmittelbar mit, wie ein Gebäude entsteht. Wie zuerst die Mauern aus Stein einen Grundriss formen, dann in die Höhe wachsen, wie Fensterlöcher und Türöffnungen ihren Platz finden und wie sich schließlich ein rechteckiger Turm emporreckt, der Stück für Stück zum Leben erwacht. Schon allein das Gold und das satte Blau machen ihn zum Hingucker am ansonsten grauen Hermannplatz. Und auf den Simsen der rechteckigen Pyramide, dem Königsturm, stehen die Götter. Sie sind nicht groß, aber voller Bewegung. Sie sind mit ihren Körpern, die aus den Mauern heraustreten, unglaublich präsent. Sie stehen, sitzen, jagen, tanzen, lesen oder segnen. Ganesha ist natürlich auch abgebildet, man kennt ihn: runder Bauch und Elefantenkopf. Das Innere wird ein Ort der Einkehr sein, offen für alle. Natürlich muss es Kompromisse geben. In Indien wird nur mit Naturstein gebaut. Aber für den Betonboden in der Hasenheide sind Stahlstangen zur Befestigung notwendig. Das sehen die Bauherren nicht so gern, die Eisenteile stören nämlich das magnetische Kraftfeld im Tempel und damit die zukünftige Konzentration auf das Innere an diesem Ort. Aber auch das ist zu überwinden. Wenn man nichts überstürzt.

Adresse Sri Ganesha Hindu Tempel Berlin, Hasenheide 106, 10967 Berlin-Neukölln | **Architekt** Govindan Ravishankar | **Baujahr** 2010–? | **Heute** Hindu-Tempel, Begegnungsstätte | **Bahnhof** U Hermannplatz

95 Die Terrassen

Ahoi himmelwärts!

Still und heimlich wurde die Wohnpyramide im Jahr 2017 in die Berliner Denkmalliste aufgenommen. Das Denkmalamt wusste nur zu gut, warum es eine großartige Verkündung vermied. »Nicht gerade ein Zeichen für städtebauliche Schönheit«, lautete eine noch vornehm gehaltene Reaktion. Das Wohnhaus, das sich wie ein großer Dampfer zwischen Nollendorfplatz und der Urania erhebt, gehört zu der sogenannten Restmoderne – ein Sammelbegriff für alles, was zwischen 1945 und 1989 in Berlin gebaut wurde. Doch auch wenn die Gegner diese Zeit am liebsten aus dem Stadtbild ausradieren würden – das Pyramiden-Haus ist ein gutes Beispiel dafür, warum auch diese Architektur eine Bedeutung für die Stadt hat und ihr Erbe sehr wohl schützenswert ist.

Die Wohnungen mögen nicht so großzügig sein, wie man es heute gewohnt ist – aber es gibt etwas an diesem Haus, das mit Großzügigkeit trumpft, wie man es später wohl kaum noch einmal findet. Die Balkone sind terrassenförmig angeordnet. Durch die hochgezogenen Seiten bilden beide Seiten eine Schräge, die dem Terrassenhaus seinen Namen gegeben hat: die Wohnpyramide. Die helle Verkleidung mit den zartgrünen Elementen zwischen den Fenstern nimmt sich zurück, was hier triumphiert, ist die Form. Und die strebt himmelwärts. Sie zeigt, dass es sich sehr wohl lohnt, einmal etwas anderes zu versuchen, einmal die allzu eintönige Vorstellung von Wohnhäusern zu durchbrechen. Und nebenbei ermöglicht sie damit einen Rundum-Himmelblick vom fünften bis zum 16. Stock.

Ein netter Seitenblick ist hier die ebenso aufwärtsstrebende U-Bahn-Trasse, die parallel zu der Schräge der Pyramide auf dem Mittelstreifen aus dem Untergrund zur Hochbahn hinaufführt.

Adresse Die Wohnpyramide, Kleiststraße 5–6, 10787 Berlin-Schöneberg | Architekt Fridtjof Schliephacke | Baujahr 1970–71 | Heute Wohnen und Gewerbe | Bahnhof Nollendorfplatz

96 Das Theater

Ausschmückungslustig

Vorbei an dem goldgelb gewebten Dschungel auf der Tapete schwingen sich die kleinen zarten Blätter und Blüten des schmiedeeisernen Geländers hinauf, übermütig, höher und höher. Schon längst ist man oben angekommen, da überholen sie einen und steigen noch höher hinauf, winden sich immer beschwingter bis beinahe unter die Decke weiter. Man ist entzückt. Und wo würde diese übermütige Ausschmückungslustigkeit des Art déco auch besser hinpassen als in ein Theater.

Die Sinnlichkeit und Intuitivität lässt hier keine Ecke, keinen Türgriff, kein Oberlicht und keine Heizkörper-Verkleidung aus – und ist dennoch streng gesetzt. Und so ist ja auch das Theater, es schafft einen Rahmen, in welchem der Geist ausbrechen darf, er schafft Bilder, die Welten eröffnen – und weiß doch um seine Grenzen. Ein Spiel mit der Illusion, das hier nicht nur unbedingt auf der Bühne stattfindet: Die Wände im Theatersaal zum Beispiel sind geschmückt mit aufwendig gearbeiteten Intarsien von dem Künstler und Bühnenbildner César Klein. Sie zeigen Szenen, die plötzlich abbrechen, im Nichts verlaufen – und auf einer nächsten Ebene von einem neuen Bild abgelöst werden.

Und dann ist da ja noch das »Wüstenzelt«. Man könnte meinen, dieser Raum zwischen Bar und Toilette, ein Übergangsbereich, ein Vorraum, habe keinerlei Bedeutung. Von wegen! Die Decke ist ein Zeltdach, und an den Wänden sind kleine Tiere aus Messing angebracht, ein Kamel, ein Nashorn, ein Löwe, der ein Tier gerissen hat. Es ist dieser spielerische Umgang mit Farben und Formen, den man heute so sehr vermisst, dieses »Einfach mal machen«, das immer diesen intuitiven Moment einer Idee transportiert, der einen froh macht – und ansteckt.

Adresse Renaissance Theater, Knesebeckstraße 100, 10623 Berlin-Charlottenburg | Architekt Oskar Kaufmann | Baujahr 1922 | Heute Theater | Bahnhof U Ernst-Reuter-Platz

97__Die Torhäuser

Baller – eine eigene Berliner Kategorie

Kein Berlin ohne Baller. Hat man ihn einmal entdeckt, dann taucht er immer wieder vor einem auf in der Stadt, ganz unvermutet, als Turnhalle etwa oder als Einkaufszentrum, als Wohnblock oder als geschwungene Brücke im Park. Am Fraenkelufer nimmt sich das Architektenpaar Inken und Hinrich Baller im Rahmen der sogenannten behutsamen Stadterneuerung die vorhandenen Baulücken vor und baut zwei Torbauten zwischen die Altbauten. Durch die Tore gelangt man in einen grünen hügeligen Gartenhof und zu dem dahinterliegenden Neubau. Das Neue umschließt das Alte, behutsam und respektvoll – aber durchaus nicht zurückhaltend oder gar brav.

Die Gebäude einschließlich des Eckhauses an der Admiralbrücke sorgten für erhebliche Resonanz, in beide Extreme. Denn das, was Hinrich Baller ausmacht und zu einer Marke geworden ist in der Stadt, ist schwer zu fassen. Er bleibt nicht stehen bei der Funktionalität, er spielt mit den Möglichkeiten. Die Säulen im Tordurchgang stehen schief zueinander, wodurch das Gebäude auch schnell »das Ding mit den Giraffenbeinen« getauft wurde, das ganze Haus wirkt lebendig, die gezupften Balkone stehen spitz über, organische Elemente erinnern an Jugendstil, sofort wieder unterbrochen von ungeheuerlich spitzen Emporschießungen an einer Ecke, daneben anthroposophisch anmutende Rundungen wie zur Beruhigung – es ist wild, es ist erfrischend uneinheitlich, es ist Baller. Und die Wohnungen selbst sind auch bei Weitem nicht einheitlich. Und das ist vielleicht auch eins der ganz großen Baller'schen Vermächtnisse: Das Ehepaar erschuf einen sozialen Wohnungsbau mit hellen Maisonettes, luftigen Wintergärten und großflächigen Terrassen, jede Wohnung anders geschnitten und trotzdem alle bezahlbar.

Adresse Wohnanlage, Fraenkelufer 26/27, 10999 Berlin-Kreuzberg | Architekt Inken und Hinrich Baller | Baujahr 1982–84 | Heute Wohnhäuser | Bahnhof U Kottbusser Tor

98 Die Turbinenhalle

Der Maschinendom

Sie ist eine Wucht. Sie erschlägt einen, denn man ist nicht vorbereitet auf diese Dimensionen. Aber genau das möchte sie erreichen. Denn sie erzählt ihre Geschichte. Und zwar nicht ohne Stolz. Peter Behrens hat die Halle vollkommen auf ihre Funktion ausgerichtet: den Bau von Dampfturbinen. Das ist neu. Bisher sind Industriebauten immer historisierend verklinkert, mit Zinnen und Simsen, wie wehrhafte Burgen. Sie lassen nicht in ihr Inneres blicken und schon gar nicht vermuten, dass in ihren Hallen der Fortschritt zu Hause ist. Die Turbinenhalle, die Behrens für die AEG entwirft, bricht dieses Muster auf. Die Halle ist zu allen Seiten hin geöffnet. Beinahe einladend wirken diese Fenster, man möchte doch zumindest einmal hineinschielen, einen Blick erhaschen auf die großen Maschinen, die den Fortschritt antreiben. Die neue Formensprache ist die Huldigung an die Konstruktion. Sie versteckt nichts. An den Seiten stützen die Stahlpfeiler die leicht schräge Tragbauweise – und also verlaufen auch die Fenster schräg. Nichts wird begradigt oder verkleidet.

Die Geschichte ist die Produktion von Maschinen. Und Peter Behrens schafft eine neue und würdige Form dafür. Er arbeitet als Architekt und auch als Designer für die AEG. Er entwirft nicht nur die große Halle, sondern auch das Logo und sämtliche Produktdesigns für die Firma – er denkt das Ganze, er schafft ein neues Design für die Industrie, das heller und vielversprechender nicht sein könnte. Die Faszination für die Maschinen wird nach außen getragen.

Heute stehen viele innerstädtische Fabriken leer oder werden umfunktioniert – hier wird noch immer produziert, und zwar wie eh und je: Turbinen.

Adresse AEG-Turbinenhalle, Huttenstraße 12 – 19, 10553 Berlin-Moabit | Architekt Peter Behrens | Baujahr 1909 |
Heute Turbinenproduktion | Bahnhof S Beusselstraße

99_Die Türme

Bestand und Beton

Es gibt immer ein Weiter. Man darf sich nicht ausruhen. Die Stadt tut es ja auch nicht. Das ist es vielleicht, was die Bauwerke von Arno Brandlhuber sagen möchten. Und noch was: Es ist viel mehr möglich, als man vielleicht denkt.

Denn wer hätte schon gedacht, dass in den großen Betontürmen mitten auf der Industriebrache in Lichtenberg, den letzten beiden Relikten des riesenhaften Giganten VEB Elektrokohle, umgeben von den Lagern und den Hallen des vietnamesischen Großmarkts, zwischen zusammengekehrten Riesenteilen aus Industrie und Neubau, heute wieder etwas Neues entstehen kann? Und das Neue scheint am wendigsten, am erfinderischsten, wenn man es ohne den ganzen Komfort denkt, so wie es uns das moderne Wohnen heute vorgibt. Der Architekt denkt mit seinen Projekten diese Standards in unseren Köpfen weg. Und das ist immer auch ein Statement gegenüber der Gesellschaft, unseren Vorstellungen vom Leben, vom Zusammenleben und vom Arbeiten.

Die beiden Türme ragen aus ihrer Umgebung heraus, ein Siloturm und ein Zirkulationsturm. Brandlhuber hat sie »San Gimignano von Lichtenberg« genannt. Aber wie kann man diese Türme in einer solchen Höhe und unter den geltenden Bau- und Nutzungsvorschriften überhaupt ausbauen – und für was überhaupt? Und mit einem Mal wird wieder klar, dass man anders denken muss: Die Türme sind wie zwei Kokons, die in ihrer Verpuppung auf die Zeit ihrer Verwandlung warten beziehungsweise schon mitten dabei sind. Sie werden nicht vor-gedacht, durchkonzipiert, sie warten ab und entstehen dabei neu. Es geht vor allem darum, den Bestand neu zu definieren. Und das könnte Schule machen. Denn irgendwas ist schließlich immer da, überall.

Adresse San Gimignano von Lichtenberg, Herzbergstraße 128 – 139, 10365 Berlin-Lichtenberg | Architekt Umbau Arno Brandlhuber | Baujahr 2012 | Heute Atelierhäuser | Bahnhof Tram Herzbergstraße / Industriegebiet

100 Der U-Bahnhof

Ein Trip durch die 1980er

Die Welt, die man hier am Ende der Stufen betritt, ist bunt, und zwar knallbunt. Es geht viel zu schnell, man kann kaum aufnehmen, was hier wie das Innere eines Kaleidoskops auf den Fliesen explodiert: riesenhafte Sterne, ein enormer Mond und ein versteckter Falter. Die Säulen sind Bäume in Lila und Türkis, deren Blätter wie Indianerfederschmuck in alle Richtungen sprießen. Diese ganze Nachtlandschaft ploppt hier in einer psychedelisch anmutenden geometrischen Gestalt und Farbgewalt auf, die einen sofort an einen LSD-Trip denken lässt.

Der Architekt Rainer G. Rümmler hat, ebenso wie bei den beiden benachbarten Bahnhöfen Rohrdamm und Siemensdamm, wo die Siemenswerke in die Gestaltung der Bahnhöfe mit einflossen, auch bei der Paulsternstraße die Umgebung mit einbezogen. Da es aber oberirdisch keinen nennenswerten Anhaltspunkt gab, außer vielleicht ein paar rauchende Industrieschornsteine und eine Tankstelle mit Autowaschanlage, musste Rainer Rümmler hier etwas weiter ausholen: Einst lag hier auf der Strecke zwischen Berlin und Spandau mitten in der Brandenburgischen Luchlandschaft ein Postgasthof mit Namen Paulstern. Und drum herum eben vor allem: viel Sumpf, Kiefern und ein Spreeseitenarm.

Aber was der Architekt aus diesem kargen Geschehen gemacht hat, ist beachtlich. Und er hat damit jeden für einen Funktionsbau üblichen Rahmen gesprengt. Mit seinen Bahnhöfen hat er sich selbst ein Denkmal gesetzt – nachdem er viele Jahre lang in der Berliner Bauverwaltung beschäftigt war. Sein Stil sei nicht jedermanns Sache, befand der damalige Bausenator Wolfgang Nagel. Die U-Bahn-Strecke der Linie 7 aber wurde dank Rainer Rümmler zu einem einzigen Rausch der 1980er Jahre.

Adresse Paulsternstraße, Nonnendammallee/Paulsternstraße, 13629 Berlin-Spandau | Architekt Rainer G. Rümmler | Baujahr 1984 | Heute Bahnhof | Bahnhof selbiger

101 Die Uhr

Einmal um die Welt

Niemand hatte von einer Weltzeituhr gesprochen. Aber dann passierte es einfach: Mitten in der sozialistischen Hauptstadt konnten die Menschen von nun an lesen, wie viel Uhr es gerade in New York war. Ohne jemals nach New York reisen zu müssen. Etwas ironisch, könnte man meinen. Aber es war eben passiert. Ein bisschen Größenwahn hier und ein bisschen Unachtsamkeit dort – und da stand sie: futuristisch in Silber und Gold und über ihr die Planeten des Sonnensystems, die ab jetzt beständig umeinander kreisen würden.

Aber der Reihe nach. Der Alexanderplatz wurde umgegraben. Pünktlich zum 20. Geburtstag der DDR sollte er ein großflächiger moderner Platz werden. Da fanden die Arbeiter eine alte Urania-Säule in den Trümmern, eine gusseiserne Wetterstation mit Uhr – und nun stand sie im Raum, die Idee, wieder eine Uhr aufzustellen auf dem Platz der Zukunft. Aber es musste eine besondere sein, eine Uhr der Zukunft. Also wurde ausgeschrieben: eine Säule zur Propagierung der wissenschaftlich-technischen Errungenschaften des Sozialismus. Erich John war Formgestalter und lehrte an der Kunsthochschule in Weißensee. Er hatte unlängst das Lenkrad für den Wartburg, den neuen Staubsauger »Omega« und einen Cocktailshaker designt. Er zeichnete ein paar Skizzen in seinen Kalender, eine Uhr, die die Mauer überwindet und die Welt wieder vereint, dachte er und klappte den Kalender seufzend wieder zu. Die Auswahlkommission blieb lange stehen vor dem John'schen Uhrenmodell. Sie sah etwas ganz anderes darin, dachte, dass die Zeit noch immer auf ihrer Seite sei. Sie erinnerte sich daran, dass der Kapitalismus schon bald am Ende sein würde – und gab grünes Licht für die Weltzeituhr.

Adresse Urania-Weltzeituhr, Alexanderplatz, 10178 Berlin-Mitte | Künstler Erich John | Baujahr 1969 | Heute Uhr | Bahnhof Alexanderplatz

OMSK
ALMATY
TASCHKENT
NOWOSIBIRSK
KRASNOJARSK
IRKUTSK
ULAN-BATOR
JAKUTSK
CHABAROWSK
WLADIWOSTOK
MAGADAN
SACHALIN
13
14
15
16
17
18
19
RANGUN +30`
HANOI
BANGKOK
PHNOM PENH
PEKING
SHANGHAI
MANILA
PERTH
PJÖNGJANG
TOKYO
SEOUL

102 Der Umlauftank

Der rosa Riese

Es ist eine Explosion aus Farbe und Material, es ist riesenhaft, vor allem aber ist es: vollkommen unergründlich. Man kommt sich ein wenig so vor wie Gulliver im Land der Riesen und überlegt, was dieses Ding in Rosa und Knallblau denn sein könnte. Vielleicht eine Riesenbaby-Rassel? Dann denkt man auch kurz: Regenwurm – aber diesen Gedanken verwirft man lieber wieder schnell.

Es ist verstörend, denn wir sind es gewohnt, Bauwerke schnell nach ihrer Funktion, ihrer Zeit und ihrer Ästhetik einzuordnen. Umlauftank 2. Man nickt, versteht aber immer noch nicht. Braucht diese Stadt so ein Monster von einer Maschine, mitten in ihrem Zentrum?

Die einstmals kaiserliche Versuchsanstalt für Wasserbau und Schiffbau wurde im Jahr 1974 aufgepeppt. Jetzt kann in ihrem Inneren das Verhalten von Schiffen in Strömungen untersucht und verbessert werden. Die Vorstellung, dass hier 3.300 Tonnen Wasser in einer Geschwindigkeit von 10 Metern pro Sekunde zirkulieren, ist beachtlich. Aber das ist nicht die eigentliche Wucht. Man landet – bei allem technischen Interesse – doch wieder beim Äußeren. Polyurethan-Schaum ist das Material, mit dem der Architekt Ludwig Leo eine Hülle für die Maschine geformt hat. Der Schaum dient der Wärmedämmung, das Rosa hingegen hat keinerlei ersichtliches Motiv. Und genau das ist hier die Wucht: Ludwig Leo hat mit der Forschungsanlage ein Denkmal geschaffen für rigorosen Nonkonformismus. Und das tut Berlin gut.

Also ja, die Stadt braucht diese enorme Versuchsanstalt am Rand des Tiergartens – und auch nicht nur äußerlich, denn an der Technischen Universität werden viele neue Modelle für einen nachhaltigen Gütertransport über die Ozeane entwickelt – und im UT 2 getestet.

Adresse Der UT 2, Kleiststraße 5 – 6, 10787 Berlin-Schöneberg | **Architekt** Ludwig Leo | **Baujahr** 1968 – 74 | **Heute** in Betrieb, TU Berlin | **Bahnhof** S Tiergarten

103 Die Universität

Abenteuer Groundscraper

Es erfordert höchste Konzentration, um sich auf den langen Korridoren der Rostlaube zurechtzufinden. Sonst ist man verloren. Die Hauptstraßen sind Buchstaben, die kreuzenden Querstraßen sind Zahlen. Wie ein Mantra murmelt man seine Koordinaten vor sich hin. Die Architekten Georges Candilis, Alexis Josic und Shadrach Woods haben 1963 den Wettbewerb zur Bebauung der Obstwiesen in Dahlem gewonnen und eine Art zweistöckigen Groundscraper entworfen, der den Austausch und die Gemeinschaft fördern sollte – vor allen Dingen aber verwandelbar und anpassungsfähig an die Veränderungen der neuen Universität bleiben sollte. Es entstand ein Raumgefüge, durchbrochen von kleinen grünen Innenhöfen, das sich tatsächlich wie ein Teppichmuster in alle Richtungen hin erweitern ließe. Die angedachte Fassade sollte nach kürzester Zeit eine Rostpatina entwickeln, was sich aber dann nicht erfüllte. Der Name »Rostlaube« aber blieb haften. Und auch sonst lief manches nicht nach Plan. Das größte Problem aber war, dass der Bau der rasant wachsenden Anzahl von Studierenden kaum standhalten konnte.

Man bliebe also vollkommen überfordert, gäbe es da nicht diesen einen Anker im Gebilde, der vollkommen ausbricht aus den Dimensionen und viel Licht in die Dunkelheit bringt und Start- und Endpunkt für all die Irrwege bietet. Es ist die Mensa. Ihr Architekt Rainer Rümmler hat sie Ende der 1970er Jahre entworfen. Sie ist groß, hell und – orange. Und es erfüllt sich am ehesten hier, was die Architekten mit ihrem Rastersystem erschaffen wollten: Ein Gemeinschaftsgefühl entsteht, man spricht miteinander – natürlich vor allem über die geglückte oder völlig aussichtslose Suche nach bestimmten Seminarräumen.

Adresse Freie Universität Berlin, Habelschwerdter Allee 45, 14195 Berlin-Dahlem | Architekt Georges Candilis, Alexis Josic und Shadrach Woods | Baujahr 1963 | Heute Universität | Bahnhof U Thielplatz

104 Die Veranda

Das Wunder von Pankow

Das kleine Blockhaus mit dem Wintergarten stand bereits einige Zeit leer. Es war baufällig, dann brannte der Dachstuhl aus, schließlich sollte es abgerissen werden. Doch dann tauchte unter der ersten Schicht in einer Ecke unter dem Dach ein heller blauer Streifen auf, mit einem beginnenden Rot darüber. Der Abriss konnte gestoppt werden, und unter den verschiedenen Farben und Überbauungen erschien eine alte Malerei.

Bei dem Holzhaus handelt es sich um eine Sommerresidenz, die der Bankier Wilhelm Brose in seinem Garten vor den Toren der Stadt bauen ließ. Brose vermietete das sogenannte Schweizer Haus 1825 an den Gelehrten Christian Peter Beuth. Viele Intellektuelle und Künstler gingen sodann in dem Haus ein und aus, das schon bald das Gelehrtenhaus genannt wurde. Unter ihnen auch Beuths enger Freund Karl Friedrich Schinkel.

Und so dauerte es auch nicht lange, bis man im Archiv das Gegenstück zu dem kleinen hellblauen Streifen fand: Eine Zeichnung der sogenannten »offenen Halle«, die Schinkel für seinen Freund Beuth entworfen hat. Und dieser Reihe von glücklichen Verbindungen ist es zu verdanken, dass die Schinkel-Veranda heute in ihrer ganzen Schönheit und Italien-Sehnsucht wieder zu sehen ist.

Die Veranda steht genau so, wie sie damals von Schinkel geplant war: frei. Man kann an sie herantreten und spürt das Zusammenspiel zwischen den Ornamenten und Farben an Decke und Säulen, der Luft, die durch sie hindurchweht und sie leicht und schwerelos erscheinen lässt, und den Übergang, den das Dach bildet zwischen dem Haus und dem immer weiter fließenden Farbspiel, das sich dann hinter dem Balken zu öffnen scheint und einen mitnehmen will, hinein in die Weite des Himmels.

Adresse Die Schinkel-Veranda, Dietzgenstraße 56, 13156 Berlin-Pankow | Architekt Karl-Friedrich Schinkel | Baujahr 1825 | Heute von außen zu betrachten | Bahnhof Tram M1

105 Die Verkehrskanzel

Ein schwereloses Quartett

Es ist Aufbruchszeit, und die Automobile geben das Tempo vor. In dem kleinen gläsernen Hochsitz mit Blick auf die große Kreuzung sitzen die Dirigenten des Aufbruchs, sie lenken den Fluss der Großstadt, den Rhythmus des Fortschritts. Es muss ein gutes Gefühl sein, von oben herab das pulsierende Geschehen zu regieren.

Aber die Kanzel, die auf einem umgestülpten Betonfuß sitzt, ist nur ein kleiner Teil dieses Ku'damm-Ensembles. Der Architekt Werner Düttmann hat nach dem Krieg viele bemerkenswerte Gebäude in Berlin entworfen. Die Verkehrskanzel aber ist ein besonderes Beispiel für die Leichtigkeit und Asymmetrie der 1950er-Jahre-Architektur. Unter dem Hochsitz sitzt ein Kiosk, und hinter dem Kiosk führt die Treppe nach unten zu der öffentlichen Toilettenanlage. Und das ganze Großstadtensemble ist verbunden über ein beinahe schwebendes Pavillondach. Das Ganze wirkt überaus elegant und schwerelos. Je mehr man es aber betrachtet, desto weniger bekommt man es zu fassen. Alles scheint in Bewegung zu sein, die Linien verlaufen nämlich keinesfalls klar gegeneinander, sie laufen teilweise ineinander und aufeinander zu und dann wieder schräg voneinander weg. Gerade die Leichtigkeit lässt es in seiner Gesamtheit immer wieder entwischen, und man umrundet es immer wieder und wieder.

Doch in der Kanzel unter dem blauen Vordach gibt es etwas, das wieder Klarheit verschafft: In den Tisch mit dem Schaltpult sind rechts und links zwei große Uhren eingelassen, die den Fußgängern als öffentliche Uhr dienen.

Die Kanzel wurde nach sechs Jahren von der automatischen Ampelschaltung abgelöst, doch das Quartett am Kudamm vermag es noch immer, einen mit seiner Leichtigkeit ein Stück emporzuheben.

Adresse Verkehrskanzel & Pavillon & Kiosk & Toilettenanlage, Joachimstaler Platz, 10719 Berlin-Charlottenburg | Architekt Werner Düttmann | Baujahr 1956 | Heute Kiosk, U-Bahn-Eingang und WC | Bahnhof U Kurfürstendamm

VERKEHRSKANZEL

106 Das Verlagshaus

Klare Ansage

Die taz ist eine Institution. Sie hat sich von einem linken Blatt zu einem Medium für kritischen Austausch entwickelt, das nicht mehr wegzudenken ist aus der Stadt. In Zeiten, wo nicht mehr jeder morgens die Zeitung aufschlägt, ist es umso wichtiger geworden, dass die taz auch zu einem realen Ort wird – für Diskussion, Meinung und Transparenz.

Das neue Haus ist dieser Ort. Kein Schmuck, keine Überhöhung in eigener Sache, keine Prestige-Huldigung. Die diagonalen Stahlverstrebungen an der gläsernen Fassade verweben das Oben und das Unten miteinander. Alles ist vernetzt, alles ist sichtbar, alles ist möglich. Klarer geht die Botschaft nicht: Das Augenmerk liegt auf dem Inhalt.

Und dass der Inhalt das Bauen anleitet, das wünscht man auch anderen Bürohäusern. Man sieht sofort, dass die taz hier im Vorfeld klare Ansagen gemacht hat. Das neue Haus, finanziert von der Genossenschaft, sollte vor allem ein System ohne Hierarchien werden. Es sollte transparent und offen sein. Die Konstruktion im Inneren aus Beton und Glas erinnert, wie ein Gast auf der taz-Einweihungsparty etwas pikiert meinte, ein wenig an eine Garage. Und damit hat er den Nagel auf den Kopf getroffen: Die taz versteht sich ja als Werkstatt. Hier darf man kreativ sein, man darf ausprobieren, wieder verwerfen und noch mal anders beginnen. Es ist kein Ort, um sich zurückzulehnen.

Dass das neue Haus nicht nur ein grünes Dach hat, sondern auch von oben bis unten ökologisch läuft, versteht sich natürlich von selbst. Und vielleicht ist auch der Standort an der unteren Friedrichstraße ein Weckruf. Der Abschnitt scheint nach wie vor verwaist. Die taz ist hier mal wieder Pionier.

Adresse taz-Haus, Friedrichstraße 21, 10969 Berlin-Kreuzberg | Architekt Piet und Wim Eckert. E2A | Baujahr 2018 | Heute Verlagshaus, taz-Café | Bahnhof U Kochstraße

107 Der Versuchsturm

Das Sahnehäubchen

Die Nachfrage nach den fotografischen Apparaten boomt. Jedes Start-up-Unternehmen wäre blass vor Neid. In der Optischen Anstalt in Friedenau stellt Carl Paul Goerz Objektive, Kameras, Scheinwerfer, Entfernungsmesser und andere feinmechanische und optische Geräte her und liefert schon bald nach Paris, London, New York, Chicago. Jede weitere technische Entwicklung wird hier zum neuen Produkt.

Die viergeschossige Fabrik ist schnell zu klein. Also wird angebaut, bis kein Platz mehr ist auf dem Fabrikhof: In nur 16 Jahren wird das Werksgelände durch einen quer liegenden Werkstattflügel erweitert, einen weiteren dekorierten Backsteinbau, viergeschossig im Stil der Märkischen Backsteingotik sowie durch eine zusätzliche Hofrandbebauung und einen fünfgeschossigen Verwaltungsbau mit Tonnendach und aufgesetztem Observatorium. Das Grundstück würde ächzen, wenn es könnte.

Und dann, im Jahr 1915, inzwischen ist die Firma Goerz auch führender Hersteller von militärischer Optik, erhält das Ensemble seine imposanteste und letzte Ergänzung: den Versuchsturm. Ein 31 Meter hoher Stahlskelettturm. Dort oben, weit über den Dächern der Stadt, werden von nun an die Fernrohre erprobt und Messgeräte justiert. Über einen montierten Kranausleger können selbst schwere Fernrohre auf die riesige Terrasse gehoben werden. Von Weitem sieht das Konstrukt aus wie ein gewaltiges Schwimmbad mit Sprungturm, irgendwo kurz unter dem Himmel. Fest steht, der Messturm lässt die backsteinernen Gemäuer weit unter sich zurück, erhebt sich über jede Vorstellungskraft, ragt ohne Mühe über den Grundriss heraus, ganz aus kühnem Stahl und ummantelt mit nichts als Glas, und verkündet von dort allen, dass eine neue Zeit angebrochen ist.

Adresse Optische Anstalt C. P. Goerz, Rheinstraße 44–46, 12161 Berlin-Steglitz | **Architekt** Albert Paeseler | **Baujahr** 1915 | **Heute** Goerz-Höfe, Gewerbehöfe | **Bahnhof** S Feuerbachstraße

108 Die Wendeltreppe

Die Matchmakerin

Der Treppenwitz stirbt nie aus. Es ist der Witz oder der Gedanke, der einem zu spät einfällt, wenn die Tür zum Besprechungszimmer schon wieder zugefallen ist. Oder die zündende Idee. Das Treppenhaus fängt sie alle auf. Und das ist auch heute noch so, in Zeiten von digitalem Kurznachrichtenaustausch auf allen Kanälen. Denn auf der Treppe findet Begegnung statt, man kommt nicht einfach so aneinander vorbei. Hier vermischt sich das Förmliche mit dem Persönlichen. Und die Wendeltreppe im Max-Delbrück-Centrum ist genau darauf ausgerichtet.

Sie ist kein platzraubendes, starres Gefüge, sie scheint vielmehr aktiv daran mitzuwirken am Austausch zwischen den verschiedenen Fluren und Ebenen, voller Wissbegierde für das, was um sie herum geschieht. Sie saugt alles auf. Sie ist die Kupplerin, die Matchmakerin. Aber zuerst einmal muss sie die Verbindung herstellen. Das Stahlgewinde scheint die Betondecken zu durchbrechen, die ovalen Formen in den Böden und Decken sitzen nicht streng übereinander, das ganze Treppengefüge ist verwinkelt und uneinsichtig. Und wo könnte das besser hinpassen als hierher in das Forschungsinstitut? Doch damit nicht genug. Die Treppe ist so gewunden und versetzt, dass man an das berühmte Treppenbild von M. C. Escher denken muss, die unendliche Treppe. Sie ist nicht zu fassen, führt weiter, aber eben anders – und denkt man die Funktion der Treppe weg, bleibt eine Skulptur, die sich windet und wendet wie eine DNA-Helix – die Trägerin von allen Informationen, vom schnöden Treppenwitz genauso wie dem ersten aufkeimenden Gedanken für eine neue Versuchsanordnung beispielsweise.

Die Wendeltreppe ist die Verbindung zwischen der Information und dem Menschen.

Adresse Wendeltreppe im Max-Delbrück-Centrum für Molekulare Medizin (MDC), Berliner Institut für Medizinische Systembiologie, Hannoversche Straße 28, 10115 Berlin-Mitte | Architekt Staab Architekten | Baujahr 2018 | Heute Forschungszentrum für Molekulare Medizin | Bahnhof U Oranienburger Tor

109 Die Werft

Gleichgewicht halten

Als die Abrissfirma den Auftrag erhält, die große Halle auf dem ehemaligen Werftgelände abzutragen, versteht sie gar nichts mehr: Es sollen von der baufälligen Werkshalle stehen bleiben: das große Eingangstor mit der Lampe direkt am Wasser, der Schornstein, ein Türbogen, eine Ecke der Halle mit gefliestem Wandteil sowie ein stählernes Hebekonstrukt. Außerdem dürfen die Betonplatten am Boden mit den eingelassenen Schienen nicht beschädigt werden.

Heute steht das alte Mauerwerk zwischen Gräsern, Echinacea-Stauden und kleinen Birken, dazwischen liegen große Betonplatten scheinbar wild übereinander und sind doch angeordnet und gepflegt. Die Ruinen der alten Werftanlage hat der Künstler Anselm Reyle zu einer Skulptur gemacht, die den Reiz des Verfalls und die ganze Schönheit der Industrieanlage einfriert. Eingerahmt wird der Garten von dem Lichtspiel der Sonne auf den Mauerresten, dem Plätschern der Spree am Ufer und natürlich von den Gebäuden.

Tanja Lincke hat um das Alte herum etwas Neues entstehen lassen. Eine weitere Halle wurde zum Atelier umgebaut, eine Garage mit alten verrosteten Toren steht nur noch als Hülle für ein Gästehaus unter den alten Bäumen – und am Wasser steht das Wohnhaus. Auch hier stimmt das Gleichgewicht: Es nimmt sich zurück und ist doch gleichzeitig der selbstbewusste Neue hier am Ufer. In der Mitte befindet sich ein tragender Betonkern wie ein alter Brückenpfeiler, und oberhalb der stützenden Säulen verläuft ein durchgängig verglaster Rundbau. Durch das Fenster blickt man in den Himmel und darunter direkt auf das Wasser.

Das Ensemble an der Spree ist ein Spagat zwischen alt und neu, aber eins, das nicht zerreißt, sondern ganz und gar mühelos wirkt.

Adresse Haus an der Spree und Ruinengarten, Baumschulenstraße 1b, 12437 Berlin-Treptow | Architekt Tanja Lincke | Baujahr 2017 | Heute privat, Ensemble nur vom Wasser aus zu sehen | Bahnhof S Baumschulenweg

110_Die Wohnanlage

Mit Rot gegen die Monotonie

Rot sind die Ziegelsteine in der alten Mauer neben den Gleisen, etwas röter leuchten die Wände, die sich an der kleinen abschüssigen Kopfsteinpflasterstraße erheben, und feuerrot schließlich knallen die unzähligen und unterschiedlich angeordneten Balkone und Geländer ins Stadtbild. Das Stahlbetongerüst erinnert an eine Stadt, die in die Höhe gewachsen ist, so als hätte sie Materialien auf einer Brache gefunden, miteinander verwoben und neu poliert – und bis zum Dach verbunden mit dem allumfassenden Rot. 16 Häuser sind es insgesamt, jedes einzelne ein bisschen anders. Man merkt es erst auf den zweiten Blick, aber es ist ein wunderbares Spiel aus Anordnung, Farbe und Material. Die großen Eingangstüren zum Beispiel sind alle unterschiedlich, aus Holz, Stahl oder Glas.

Signalfarbig, das passt an diesen Ort, eine Anlage am Gleisbett, das eine Sichtachse bis zum nahen Berliner Zentrum hin bildet, es passt und bleibt trotz allem in seiner Größe und Wucht eine mutige Farbwahl. Die Architekten haben sich das erkämpft. Und kennt man die Geschichte, dann steht das Rot auch ein bisschen für einen Sieg in der Stadtgestaltung. Für die 28.000 Quadratmeter an der Kante zwischen Gründerzeit-Altbauten und der Bahntrasse gab es bereits andere Pläne: ein Supermarkt samt Parkplatz. Die Gewerbebaufläche in Wohnfläche umzuwandeln, das hat einige Anstrengung erfordert.

Auch in den Wohnungen wird der Industriecharakter fortgesetzt. Die Wohnungen in den drei verschiedenen Modulgrößen S, M oder L sind nicht ausgebaut. Der Rohbau und die variantenreiche Anordnung der unterschiedlichen Module machen diese vertikale Anlage spannend und einzigartig. Industrie-Romantik kann so schön rot sein!

Adresse Das Lokdepot, Am Lokdepot, 10965 Berlin-Kreuzberg | **Architekt** Robertneun Architekten | **Baujahr** 2014–20 | **Heute** Wohnen und Gewerbe | **Bahnhof** U Platz der Luftbrücke/Yorckstraße

9

111 Die Wohnmaschine

Wenn das Maß stimmt

Es ist ein riesengroßer Klotz mit 530 Wohnungen. Und dennoch erscheint er ganz und gar nicht klobig. Er steht auf Stelzen, tänzelnd beinahe, wie um zu beweisen, dass der Anschein trügt. Er ist kein Klotz, er kann ja schweben.

Und dann geht es weiter, sie möchte einem die Hand reichen, diese Wohnmaschine auf der olympischen Anhöhe. Denn das Farbspiel ist es, das einen nicht loslässt. Jeder Balkon ist anders. Die bunten Farben zwinkern einem zu, und wenn man versucht, ein System zu entdecken, gibt man schnell auf. Es gibt kein Muster, oder besser: Es ist ein Muster als Ganzes. Der Architekt Le Corbusier überwindet sie spielerisch, die Gleichförmigkeit, der wir sonst ausgesetzt sind. Aber nicht nur außen. Die meisten Wohnungen nämlich sind zweigeschossige Maisonetten. Man erreicht sie über lange Flure. Einige Wohnungen führen von der Eingangsebene nach oben, andere nach unten. Teilweise erstrecken sie sich durch bis auf die andere Seite, sie schieben sich sozusagen unter oder über ihren Erschließungsflur. Ein geniales Verschachtelungssystem, das von außen nicht zu erahnen ist.

Le Corbusier berechnete seine Entwürfe streng mathematisch nach seinem Maßsystem »Modulor«, das die menschliche Form als Ausgang für gelungene Proportionen nimmt. Vorbild für das Wohnhaus in Charlottenburg war seine »Unité d'Habitation« in Marseille. Es entsprach Corbusiers Vision von einer vertikalen Stadt. So waren auch im Berliner Haus eigentlich noch vorgesehen: ein Kindergarten und ein Schwimmbad auf dem Dach, ein Gemeinschaftsgeschoss im siebten Stock mit Ladenstraße. Bei dem Gedanken daran wird der Klotz auf einmal leichter, er hebt ab und fliegt davon, er braucht keine Bodenhaftung mehr.

Adresse Corbusierhaus, Flatowallee 16, 14055 Berlin-Charlottenburg | **Architekt** Le Corbusier | **Baujahr** 1957 | **Heute** Wohnhaus | **Bahnhof** S Olympiastadion

PERSONEN
LASTENAUFZUG

226
183
140
113

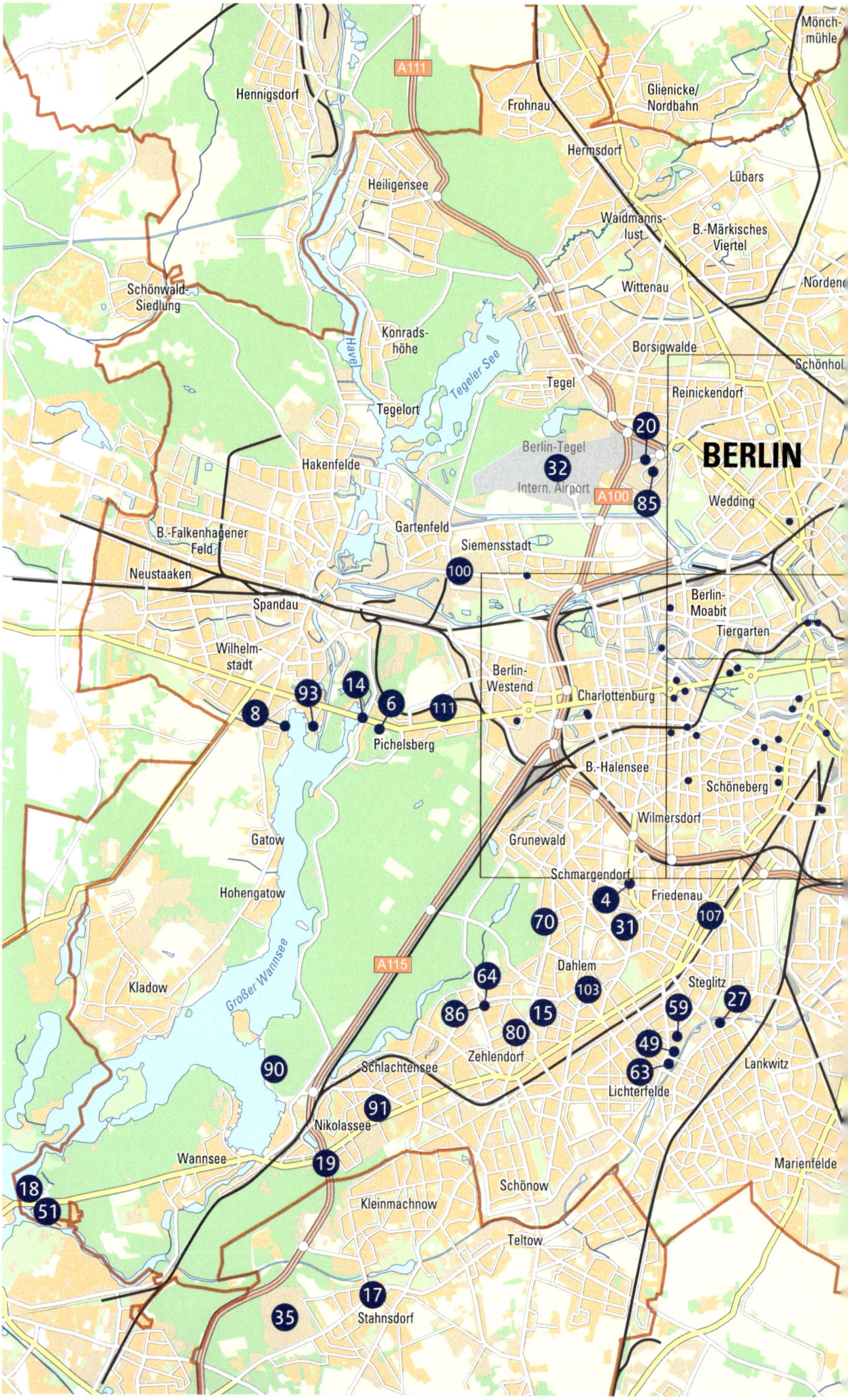

Hennigsdorf
A111
Frohnau
Glienicke/
Nordbahn
Mönch-
mühle
Hermsdorf
Lübars
Heiligensee
Waidmanns-
lust
B.-Märkisches
Viertel
Schönwald-
Siedlung
Wittenau
Nordend
Konrads-
höhe
Havel
Tegeler See
Borsigwalde
Schönhol
Tegel
Reinickendorf
Tegelort
BERLIN
Berlin-Tegel
Intern. Airport
Hakenfelde
A100
Wedding
Gartenfeld
B.-Falkenhagener
Feld
Siemensstadt
Neustaaken
Spandau
Berlin-
Moabit
Tiergarten
Wilhelm-
stadt
Berlin-
Westend
Charlottenburg
Pichelsberg
B.-Halensee
Schöneberg
Wilmersdorf
Gatow
Grunewald
Schmargendorf
Friedenau
Hohengatow
A115
Dahlem
Steglitz
Kladow
Großer Wannsee
Zehlendorf
Lankwitz
Schlachtensee
Lichterfelde
Nikolassee
Wannsee
Marienfelde
Schönow
Kleinmachnow
Teltow
Stahnsdorf
20
32
85
100
93
14
6
111
8
4
70
31
107
64
103
86
15
80
59
27
49
63
90
91
19
18
51
17
35

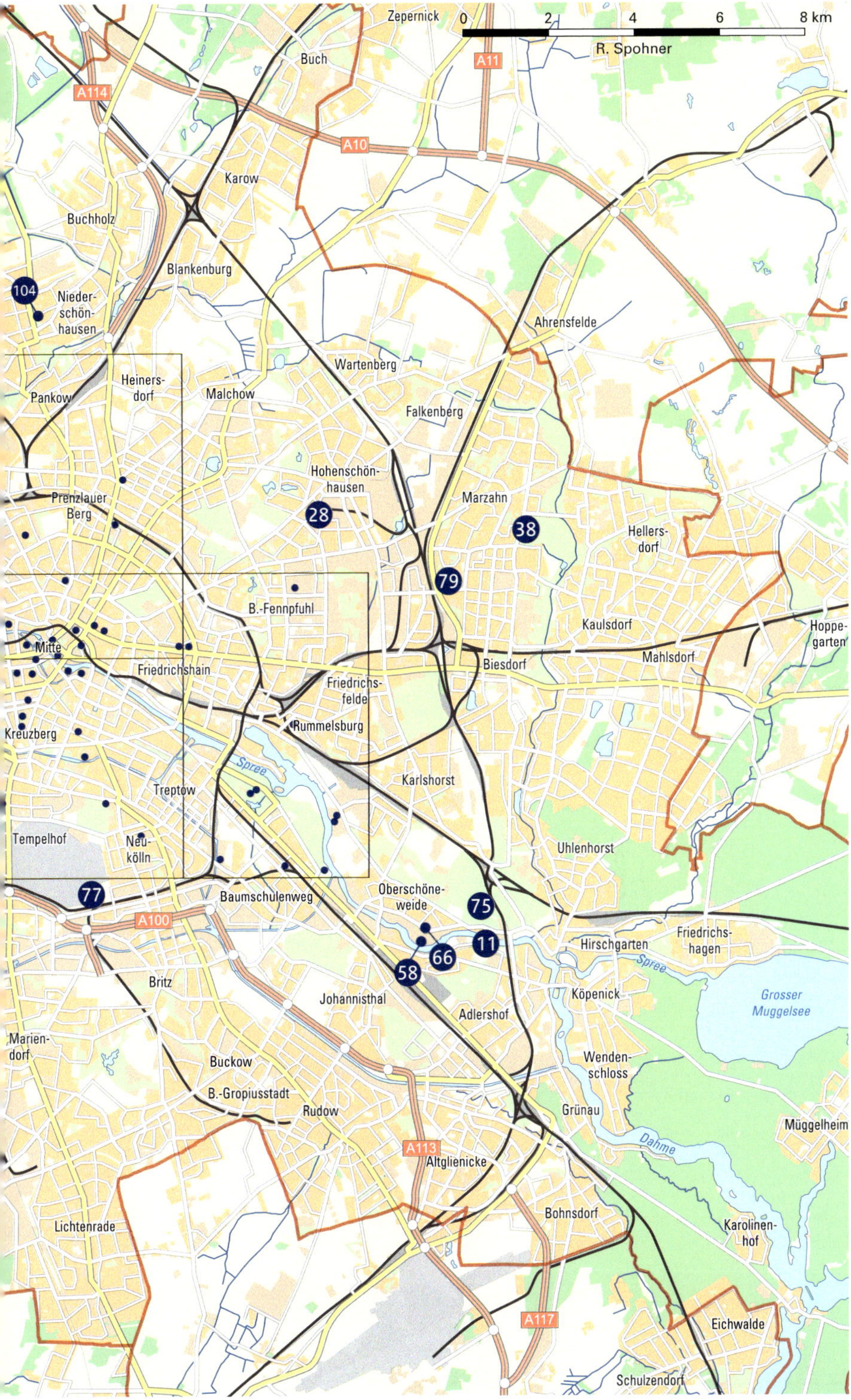

Zepernick
0
2
4
6
8 km
R. Spohner
A11
Buch
A114
A10
Karow
Buchholz
Blankenburg
104
Nieder-
schön-
hausen
Ahrensfelde
Wartenberg
Heiners-
dorf
Pankow
Malchow
Falkenberg
Hohenschön-
hausen
Prenzlauer
Berg
28
Marzahn
38
Hellers-
dorf
79
B.-Fennpfuhl
Kaulsdorf
Hoppe-
garten
Mitte
Mahlsdorf
Biesdorf
Friedrichshain
Friedrichs-
felde
Rummelsburg
Kreuzberg
Spree
Karlshorst
Treptow
Tempelhof
Neu-
kölln
Uhlenhorst
77
Baumschulenweg
Oberschöne-
weide
75
A100
11
Hirschgarten
Friedrichs-
hagen
66
58
Britz
Köpenick
Grosser
Müggelsee
Johannisthal
Adlershof
Marien-
dorf
Wenden-
schloss
Buckow
B.-Gropiusstadt
Rudow
Grünau
Müggelheim
A113
Dahme
Altglienicke
Bohnsdorf
Lichtenrade
Karolinen-
hof
A117
Eichwalde
Schulzendorf

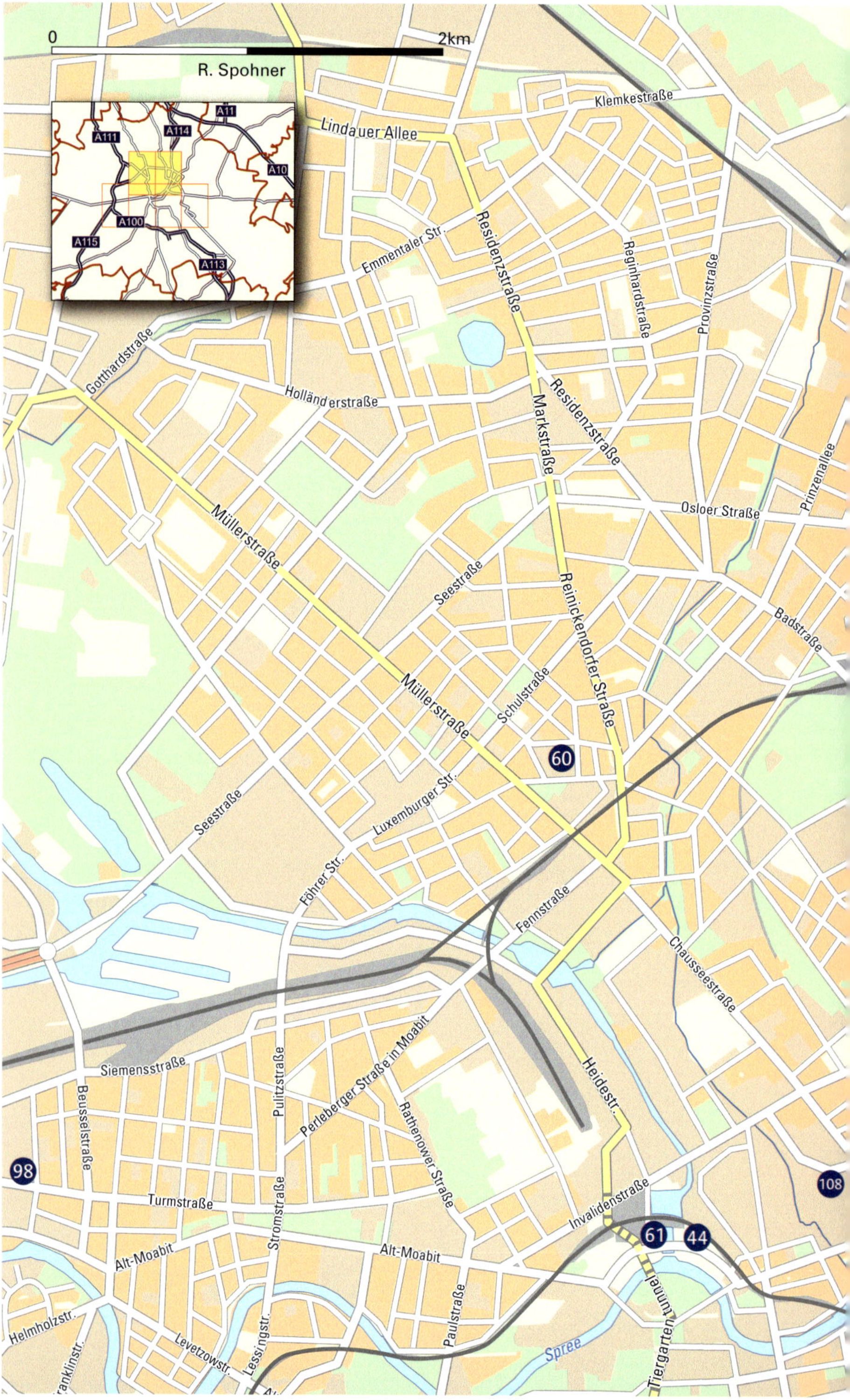
0
2km
R. Spohner
A11
A111
A114
A10
A100
A115
A113
Klemkestraße
Lindauer Allee
Residenzstraße
Emmentaler Str.
Reginhardstraße
Provinzstraße
Gotthardstraße
Holländerstraße
Residenzstraße
Markstraße
Prinzenallee
Osloer Straße
Müllerstraße
Seestraße
Reinickendorfer Straße
Badstraße
Müllerstraße
Schulstraße
60
Luxemburger Str.
Seestraße
Föhrer Str.
Fennstraße
Chausseestraße
Siemensstraße
Perleberger Straße in Moabit
Pulitzstraße
Beusselstraße
Rathenower Straße
Heidestr.
98
Turmstraße
Stromstraße
Invalidenstraße
108
61
44
Alt-Moabit
Alt-Moabit
Paulstraße
Tunnel
Helmholtzstr.
Levetzowstr.
Lessingstr.
Spree
Tiergarten

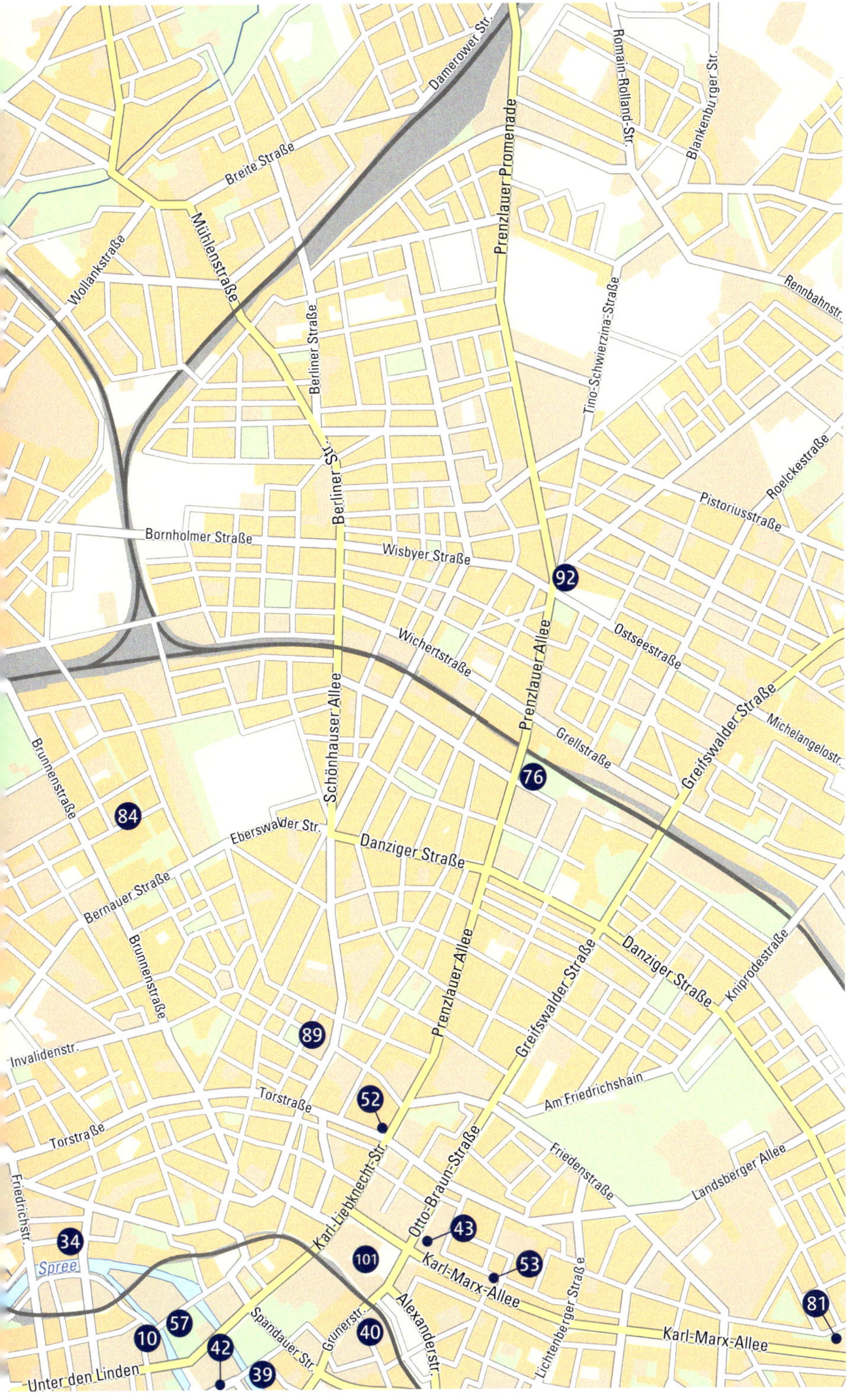

Damerower Str.
Romain-Rolland-Str.
Blankenburger Str.
Prenzlauer Promenade
Breite Straße
Mühlenstraße
Wollankstraße
Rennbahnstr.
Berliner Straße
Tino-Schwierzina-Straße
Roelckestraße
Berliner Str.
Pistoriusstraße
Bornholmer Straße
Wisbyer Straße
92
Ostseestraße
Wichertstraße
Prenzlauer Allee
Greifswalder Straße
Michelangelostr.
Grellstraße
76
Brunnenstraße
84
Schönhauser Allee
Eberswalder Str.
Danziger Straße
Bernauer Straße
Brunnenstraße
Prenzlauer Allee
Greifswalder Straße
Danziger Straße
Kniprodestraße
89
Invalidenstr.
Am Friedrichshain
Torstraße
52
Torstraße
Friedenstraße
Landsberger Allee
Friedrichstr.
Karl-Liebknecht-Str.
Otto-Braun-Straße
43
34
101
53
Karl-Marx-Allee
Spree
Alexanderstr.
Lichtenberger Straße
81
57
Spandauer Str.
Grunerstr.
40
Karl-Marx-Allee
10
42
Unter den Linden
39

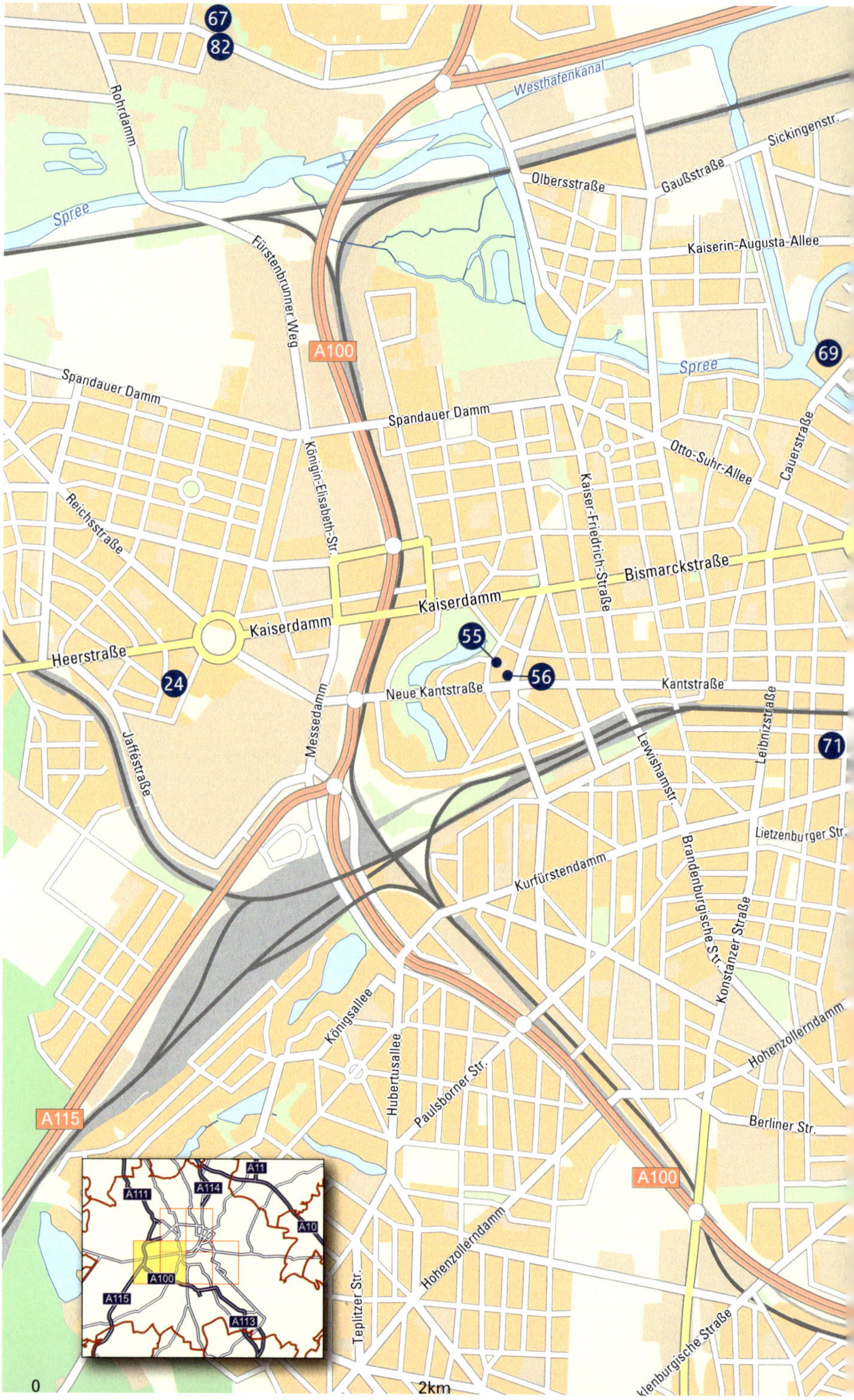

67
82
Westhafenkanal
Rohrdamm
Sickingenstr.
Gaußstraße
Olbersstraße
Spree
Kaiserin-Augusta-Allee
Fürstenbrunner Weg
A100
69
Spree
Spandauer Damm
Spandauer Damm
Otto-Suhr-Allee
Cauerstraße
Königin-Elisabeth-Str.
Kaiser-Friedrich-Straße
Reichsstraße
Bismarckstraße
Kaiserdamm
Kaiserdamm
55
Heerstraße
24
56
Neue Kantstraße
Kantstraße
Leibnizstraße
Messedamm
Lewishamstr.
71
Jafféstraße
Lietzenburger Str.
Brandenburgische Str.
Kurfürstendamm
Konstanzer Straße
Hohenzollerndamm
Königsallee
Hubertusallee
Paulsborner Str.
Berliner Str.
A115
A100
A11
A114
A111
A10
A100
A115
A113
Hohenzollerndamm
Teplitzer Str.
Mecklenburgische Straße
0
2km

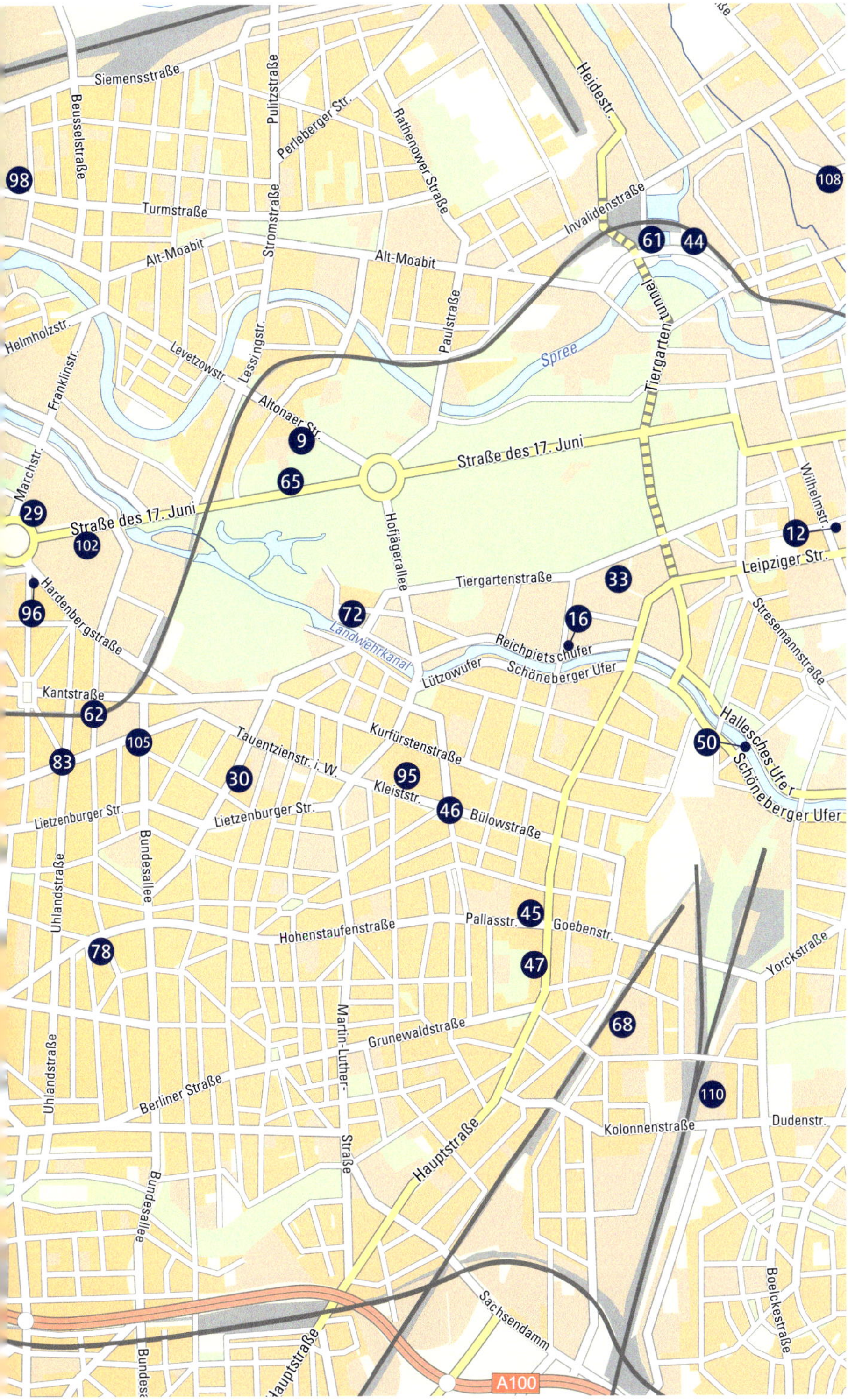
Siemensstraße
Beusselstraße
Pulitzstraße
Perleberger Str.
Rathenower Straße
Heidestr.
98
108
Turmstraße
Stromstraße
Invalidenstraße
61
44
Alt-Moabit
Alt-Moabit
Paulstraße
Tiergartentunnel
Helmholzstr.
Levetzowstr.
Lessingstr.
Spree
Franklinstr.
Altonaer Str.
9
Straße des 17. Juni
65
Wilhelmstr.
Marchstr.
29
Straße des 17. Juni
102
Hofjägerallee
12
Leipziger Str.
Tiergartenstraße
33
96
Hardenbergstraße
72
16
Landwehrkanal
Reichpietschufer
Stresemannstraße
Lützowufer
Schöneberger Ufer
Kantstraße
62
Hallesches Ufer
50
Schöneberger Ufer
105
Tauentzienstr. i. W.
Kurfürstenstraße
83
30
95
Kleiststr.
46
Bülowstraße
Lietzenburger Str.
Lietzenburger Str.
Bundesallee
Uhlandstraße
45
Pallasstr.
Goebenstr.
Hohenstaufenstraße
78
47
Yorckstraße
Martin-Luther-Straße
Grunewaldstraße
68
Uhlandstraße
Berliner Straße
110
Kolonnenstraße
Dudenstr.
Hauptstraße
Bundesallee
Boelckestraße
Sachsendamm
Hauptstraße
A100

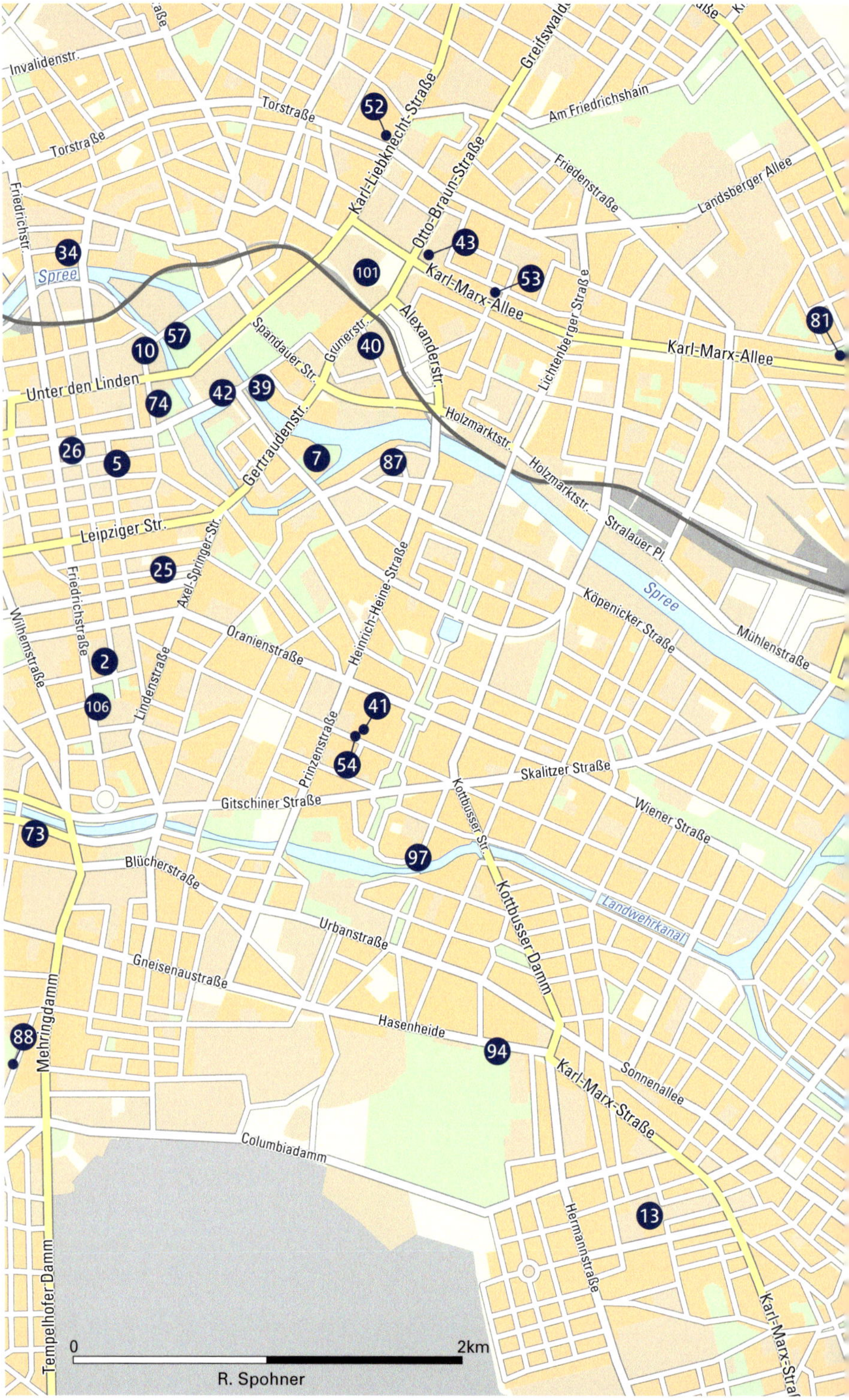

Invalidenstr.
Torstraße
Torstraße
Karl-Liebknecht-Straße
Greifswalder
Am Friedrichshain
Otto-Braun-Straße
Friedenstraße
Landsberger Allee
Friedrichstr.
Spree
Karl-Marx-Allee
Karl-Marx-Allee
Lichtenberger Straße
Spandauer Str.
Grunerstr.
Alexanderstr.
Unter den Linden
Holzmarktstr.
Holzmarktstr.
Gertraudenstr.
Stralauer Pl.
Leipziger Str.
Axel-Springer-Str.
Spree
Köpenicker Straße
Mühlenstraße
Friedrichstraße
Wilhemstraße
Oranienstraße
Heinrich-Heine-Straße
Lindenstraße
Prinzenstraße
Skalitzer Straße
Gitschiner Straße
Wiener Straße
Kottbusser Str.
Blücherstraße
Kottbusser Damm
Landwehrkanal
Urbanstraße
Gneisenaustraße
Hasenheide
Mehringdamm
Sonnenallee
Karl-Marx-Straße
Columbiadamm
Hermannstraße
Tempelhofer Damm
Karl-Marx-Stra
52
43
101
53
81
34
57
10
40
42
39
74
26
5
7
87
25
2
106
41
54
73
97
88
94
13
0
2km
R. Spohner

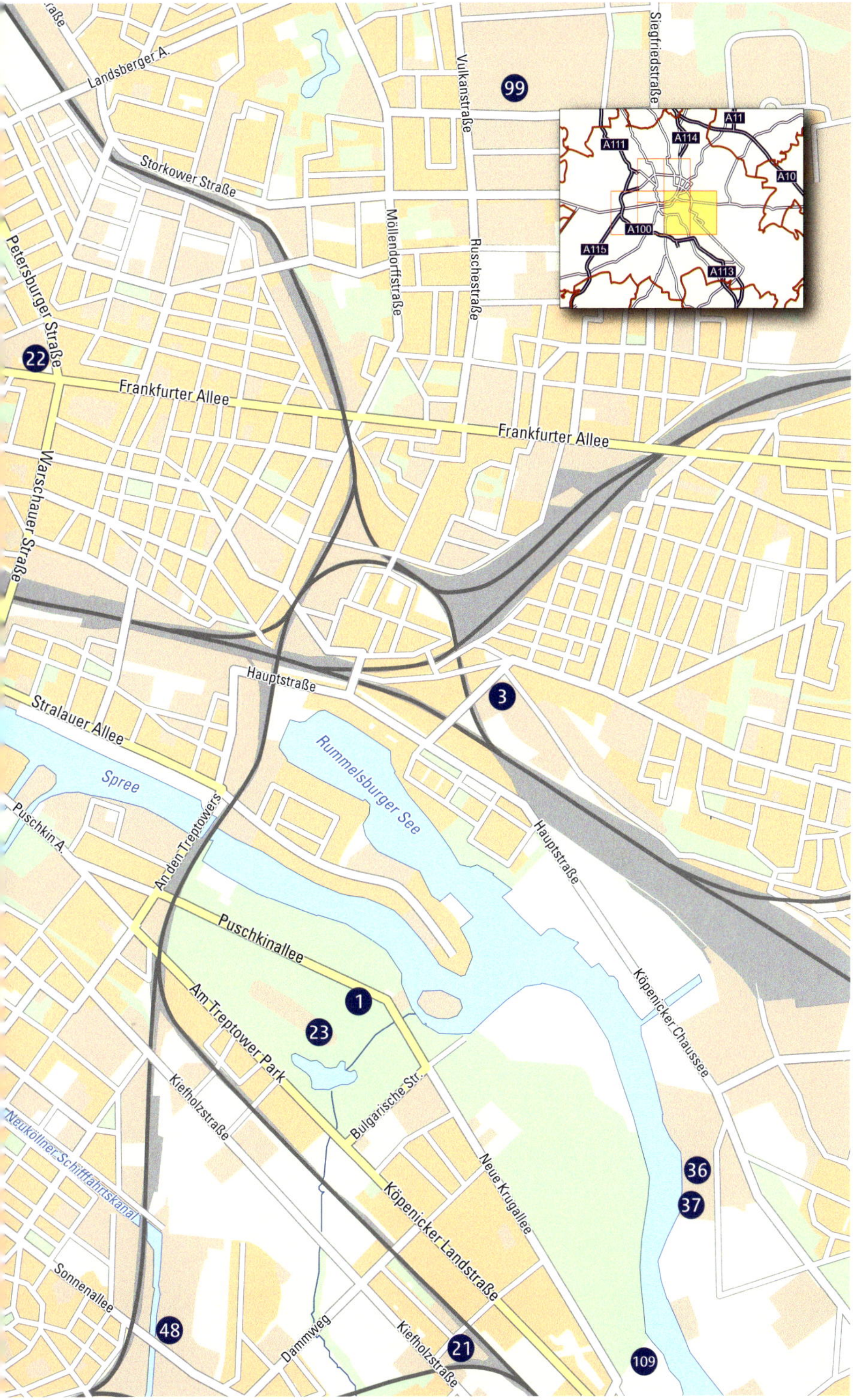
Landsberger A.
Storkower Straße
Vulkanstraße
Siegfriedstraße
Möllendorffstraße
Ruschestraße
Petersburger Straße
Frankfurter Allee
Frankfurter Allee
Warschauer Straße
Hauptstraße
Stralauer Allee
Rummelsburger See
Spree
Puschkin A.
An den Treptowers
Hauptstraße
Puschkinallee
Am Treptower Park
Köpenicker Chaussee
Bulgarische Str.
Kiefholzstraße
Neuköllner Schifffahrtskanal
Neue Krugallee
Köpenicker Landstraße
Sonnenallee
Dammweg
Kiefholzstraße
A111
A114
A11
A10
A100
A115
A113
99
22
3
1
23
36
37
48
21
109

Lucia Jay von Seldeneck ist in Berlin geboren und aufgewachsen. Nach diversen Studien- und Auslandsaufenthalten war sie zunächst als Journalistin und PR-Managerin tätig. Daneben publizierte sie unter anderem eine Reihe von Büchern mit Berlinbezug. Heute arbeitet sie als freie Autorin. Sie lebt mit ihrem Mann und drei Kindern in Berlin-Kreuzberg. Wenn man sie dort nicht trifft, dann ist sie allein oder mit Familie und Freunden an einem der 1.001 Seen, die man in einer Stunde von Berlin aus erreichen kann.

Verena Eidel ist freie Fotografin und Grafikerin. Sie war schon immer von dem eigenwilligen Charme ihrer Geburtsstadt fasziniert. Als eine Großstadt im Abseits definierte sich Berlin nach dem Fall der Mauer in atemberaubendem Tempo komplett neu. Wie schon so oft davor. Eine Stadt in andauernder Bewegung – so wird Verena Eidel selbst als Berliner »Urgestein« nicht müde, hier auf Entdeckungsreise zu gehen.